"Tú vuelo, mi vuelo....tu vida, mi vida"

DE LA TIERRA A LA ETERNIDAD

"El Camino desde la Pérdida, el Duelo, hasta la Aceptación

Griselda Aguilar Sánchez

DE LA TIERRA A LA ETERNIDAD

"El camino desde la pérdida, el duelo, hasta la aceptación".

Soy Griselda Aguilar Sánchez. Nací en La Piedad, Mich., México.

Maestra en Educación. Ejercí la noble y hermosa carrera de profesora durante treinta años, en diferentes niveles educativos.

"La educación como principio de vida"

Seguí estudiando. Ahora me desempeño como Coach Ontológico Profesional y Tanatóloga.

Dios me dió cuatro regalos:Mis hijos. Adriana, Sergio, Úrsula y René. Soy feliz abuela de nueve nietos.

Este libro lo escribo para honrar la vida de mi hija Adriana que trascendió hace cinco años. Dios me la regaló y yo se la devolví con profundo dolor y ahora con humilde aceptación y agradecimiento por el tiempo que tuvimos la oportunidad de compartir este camino llamado VIDA.

Mi gratitud con amor a:

A Dios que me acompaña en cada momento.

A Adriana, mi hija que me enseñó a ser madre y con su trascendencia me dijo hasta luego, dejando en mi corazón un enorme agradecimiento... pronto nos veremos. "Las personas no se van, solo cambian de lugar: ella vive en mi corazón".

A las personas que caminaron en mi vida y que han trascendido dejando en mi, aprendizajes y nuevas maneras de SER y VIVIR: Felipe, Celia, Mary, Hugo, Celestino, Fernando, Javier, Alicia.

A mis hijos Úrsula y René por su amor y apoyo incondicional.

A mis hermanos que han creído en mí y me han acompañado en cada momento.

A todos mis nietos, especialmente a Sophie que con ella aprendí el amor de ser abuela.

A cada uno de mis lectores, deseando encuentren en él, una manera de seguir VIVIENDO después del duelo,

<u>*ÍNDICE*</u>

"Un minuto de silencio en honor de los seres amados que trascendieron y que nos dejaron gratos recuerdos, muchos aprendizajes y hermosos momentos de felicidad".

En este libro, se explicará en detalle los diferentes aspectos del coaching tanatológico y cómo puede aplicarse en el proceso de duelo. Cada capítulo se enfocará en un tema específico, proporcionando información, ejercicios prácticos y reflexiones para ayudar a los lectores a comprender y aplicar estos conceptos en su propio proceso de duelo. A lo largo del libro, se presentarán historias inspiradoras y casos de estudio para ilustrar la aplicación práctica y reflexión para ayudar a los lectores a comprender su propio proceso de duelo.

Este libro pretende dar a conocer las diferentes pérdidas por las que atraviesa el ser humano en el camino por este mundo y así el doliente encuentre la mejor manera de realizar un duelo sano para vivir una vida plena con los aprendizajes que nos deja la pérdida. Sin embargo, la prioridad será el proceso de duelo por muerte, por ser una pérdida de las más difíciles de aceptar al no tener una reparación, es definitiva.

La intención también es que la persona que lea este libro conozca las diversas facetas del duelo y encuentre acompañamiento en el proceso de las etapas por las que atraviesa una persona en duelo. Conozca la raíz, las herramientas y los factores alrededor del duelo para que finalmente encuentre el consuelo, la esperanza y la aceptación del duelo por una pérdida sin que se convierta en sufrimiento.

Hasta ahora, la muerte es un tabú en muchas partes del mundo y es necesario disminuir el mito por medio de la educación y el conocimiento del Coaching Tanatológico con el propósito de tener una vida y muerte dignas.

Se estigmatiza a la muerte con horror y con dramatismo en lugar de observar la muerte como un proceso natural de la vida ya que tiene un tiempo incierto, pero seguro. Somos seres finitos.

Las pérdidas son numerosas a lo largo de la vida, se mencionan las diferentes formas en que llegan esas pérdidas, se hará énfasis en los duelos de las madres y padres que pierden un hijo ya que es un duelo de los más dolorosos, no solo es difícil para una madre, también un padre sufre y en ocasiones las parejas se distancian por ese hecho y la falta de comunicación de sus emociones.

La Tanatología es una disciplina, su significado es: Tanos-muerte y Logos- estudio y aborda los fenómenos relacionados ante la pérdida significativa de -algo o alguien- durante el transcurso de la vida de un ser humano. Esa pérdida significativa desemboca en un **DUELO.**

El duelo es el dolor persistente ante la pérdida de algo querido, añorado, perdido o no alcanzado, que trae momentos de desequilibrio y ruptura en el diario vivir. Las emociones se exacerban y si persisten por largo tiempo se convierte en un sentimiento que en este caso puede ocasionar disrupción en el diario vivir de la persona.

Es deber de todo ser humano informarse en todo lo referente al dolor por una pérdida, en especial a lo que es la muerte y su relación con la Tanatología con el propósito de tomar conciencia y tomar decisiones proactivas respecto a la propia muerte o de los seres queridos o de pérdidas significativas ya que la interrupción del acontecer diario puede traer consecuencias difíciles de identificar y gestionar para continuar con la vida después de la disrupción por el dolor de la pérdida acontecida.

Desde el momento en que se crea consciencia como ser vivo y como humano se acepta que todo tiene un principio y un fin. Naces y mueres. Empieza y termina, se debe aceptar la vida y también la muerte.

Esta consciencia, cuando no se tiene, aflora cuando se experimenta una pérdida significativa, que es generada por la fragilidad del ser humano y el nivel de dolor se debe a diversos factores como son: apego, cariño, amor, miedo, creencias, religión, sociedad, cultura, etc.

Con la educación se puede evitar llegar el sufrimiento, si la persona se prepara con antelación, siendo consciente de la finitud del ser humano. La persona "se da cuenta" con una visión diferente de la muerte de personas queridas y la propia para llegar más rápido al momento de la aceptación.

La persona es parte de cuatro sistemas que conforman el entorno del ser humano. Estos son:

1.Cronosistema: intervienen dos factores: la época y año en que ocurre la pérdida significativa.

2. Macrosistema: lo integran: la sociedad, la cultura y la religión.

3. Microsistema: se refiere a la familia, padres, esposa, hermanos, tíos, hijos, sobrinos, etc.

4. Mesosistema que lo forman los amigos, compañeros de trabajo, parientes lejanos, vecinos, etc.

Estos sistemas influyen en creencias, ritos, conductas, hábitos ante una pérdida significativa y las respuestas al dolor están influidas por estos sistemas que no son aislados e interactúan entre ellos afectando la calidad de vida de las personas en duelo, con ideas, creencias, sentimientos, emociones y acciones diversas que se asocian a las diferentes reacciones que se experimentan en momentos de crisis ante los sucesos de la vida, la muerte y sus variables.

<u>¿Por qué es importante tener conocimiento acerca de la Tanatología y los procesos del duelo?</u>

Porque cuando una persona está consciente de que todo lo que empieza termina, lo acepta como un hecho natural, es más fácil preparar ese momento y adaptarse a una nueva realidad. Aprender de la pérdida de algo o alguien valioso puede hacer la diferencia.

Los duelos no son solo la muerte de un ser querido. Un duelo se identifica ante la pérdida de algo que es significativo y modifica el equilibrio de la vida, por ejemplo: la pérdida de la salud, un trabajo, una casa, una relación, una mascota, familiares, amigos.

El duelo es todo aquello que nos causa un desequilibrio emocional porque es disruptivo en la vida de una persona..

La aceptación de un duelo no es indicativo de que pronto se olvidará el suceso, o que pronto pasará ese sentimiento o emoción. Los duelos no tienen un límite determinado, cada persona procesa de diferente manera la pérdida, eso depende de las características y factores en que suceda el hecho. Por ejemplo: la edad de la persona, la cultura, sexo, la religión, las creencias, si fue repentina o por enfermedad larga, etc.

Algunas veces se escucha, que el peor dolor en un duelo es el de la madre cuando pierde un hijo, puede ser posible que sea cierto. Sin embargo, una persona puede tener un duelo mayor en intensidad por la pérdida de una mascota. Esto depende de la cercanía, afecto, pensamiento o emoción respecto a la separación de la persona u objeto perdido.

El grado de dolor por una pérdida no se cuestiona, se acepta, se comprende, se vive y la intensidad dependerá de la manera en que el ser humano afectado sienta la pérdida dependiendo de sus propias expectativas en relación a la pérdida. También depende de lo consciente o inconsciente de la finitud del ser humano para que el dolor sea menor o mayor.

Existe una frase del dominio público: "El dolor es inevitable, el sufrimiento es opcional". El sufrimiento no es opcional cuando se carece de las herramientas necesarias para la comprensión de las causas o circunstancias que antecedieron a la pérdida y de la información que al respecto se tenga ya que en ese momento la persona se encuentra en estado de confusión e indefensión con fuerte alteración de las emociones que no sabe o no puede gestionar el duelo.

Sin embargo, es posible adquirir herramientas y conocimientos que creen conciencia, comprensión y aceptación de la pérdida, con amor, perdón, esperanza, fe, creando la fuerza interior y resiliencia necesaria para continuar el viaje de la vida de la mejor manera posible.

Ante una pérdida es necesario regresar al equilibrio emocional y personal para la continuación de la vida, con el acompañamiento del Coaching Ontológico y Tanatológico. Así es como se regresa al equilibrio emocional.

Este libro fue escrito por mi persona como testimonio para seguir adelante con las diversas pérdidas en mi vida y en especial de mi hija Adriana y como una manera de honrar su vida y su muerte, es a través de este legado y también la consulta de manera gratuita que ofrezco a las personas que son madres en duelo.

"Nosotros estamos en el camino de la vida, tenemos la oportunidad de crecer, desarrollarnos y cultivar la conciencia haciéndonos cargo de los aprendizajes de la vida y la muerte".

CAPÍTULO 1

Antecedentes e historia de los duelos en México y el Mundo

"Quien no conoce su historia está condenado a repetirla". Jorge Agustín N. Ruiz de Santayana.

1.1 Diferentes perspectivas de la muerte según la religión.

La muerte es un proceso natural y universal por el que todo ser humano atraviesa a lo largo de su vida, sin importar nacionalidad, raza, creencia o estatus social todos las personas concluyen su existencia en la tierra en el momento que llega la muerte, entonces finaliza el proceso de vida que se tuvo durante su paso en esta existencia que es de nacer crecer y morir. La manera de partir de este mundo depende de la manera de observar la muerte y de las creencias que la persona tiene respecto a ella.

La muerte no es observada desde el mismo punto de vista en las diversas culturas. Depende de diversos factores como son: las creencias, la religión, la cultura y la sociedad en que se desenvuelve la persona.

Sin embargo, se tiene la certeza de que la muerte es el inexorable destino del ser humano. Morir es una experiencia desconocida a la que cada una de las civilizaciones le otorga un significado único y se le enfrenta de diferentes formas: inventando historias felices, tristes e indiferentes para salvaguardar el dolor de la separación del bien amado.

En países civilizados, algunos pueblos observan la muerte como un hecho natural de la vida y otros lo dramatizan como un evento increíble y doloroso. Lo cierto es que la cultura y las creencias son las responsables de las perspectivas que se tienen del paso trascendental de morir.

"La historia nunca dice adiós, lo que dice siempre es un hasta luego" Eduardo Galeano.

1.2 La muerte en México

Los ritos de muerte en México tienen una larga historia que se remonta a las culturas prehispánicas y que han evolucionado a lo largo del tiempo.

A continuación, se presenta un resumen de la historia de los ritos de muerte en México desde la antigüedad hasta la época moderna:

a)Culturas prehispánicas: Antes de la llegada de los españoles, diversas culturas indígenas en México, como los aztecas, mayas, toltecas, tarahumaras, huicholes, otomíes, purépechas, mixtecos y zapotecas, tenían complejos rituales y creencias en torno a la muerte. La muerte era vista como un tránsito hacia otra vida y se celebraba con ceremonias y ofrendas a los difuntos. Por ejemplo, los aztecas celebraban el Día de los Muertos en el noveno mes del calendario solar, dedicado a la diosa Mictecacíhuatl, señora de los muertos. Cuando alguien moría era enterrado envuelto en un petate, se organizaba una fiesta con el propósito de guiar al fallecido en su recorrido al Inframundo.

b) Sincretismo con el catolicismo: Con la llegada de los españoles y la imposición del catolicismo, se produjo un sincretismo entre las creencias prehispánicas y la religión católica. El Día de los Muertos se fusionó con la festividad católica del Día de Todos los Santos y el Día de los Fieles Difuntos, celebrados el 1 y 2 de noviembre, respectivamente.

c) Altar de muertos: Una de las principales tradiciones en los ritos de muerte en México es la creación de altares dedicados a los difuntos. Estos altares suelen estar adornados con elementos simbólicos como flores de cempasúchil, velas, calaveras de azúcar, alimentos, retratos de los difuntos y objetos que representan los gustos y pasiones del fallecido. Se cree que los espíritus de los difuntos regresan durante el Día de los Muertos y se les honra con estas ofrendas.

d) Visitas al cementerio: Durante el Día de los Muertos, las familias mexicanas acuden a los cementerios para limpiar y decorar las tumbas de sus seres queridos. Es un momento de melancolía, recuerdo y reflexión, en la cual se colocan flores, se encienden velas y se comparte comida en honor a los difuntos.

e) La Catrina: Uno de los íconos más reconocidos de la festividad del Día de los Muertos en México es La

Catrina, una figura esquelética vestida elegantemente que simboliza la muerte, esta fue creada por el famoso grabador, ilustrador y caricaturista mexicano José Guadalupe Posada y se ha convertido en un emblema de la celebración del día de muertos en México. También los muralistas mexicanos David Alfaro Siqueiros y Diego Rivera tuvieron influencia con representaciones prehispánicas de la muerte en sus murales y se observan atrevimientos estéticos en el culto contemporáneo a la Santa Muerte. Octavio Paz sostenía en su libro *El Laberinto de la Soledad "La indiferencia del mexicano ante la muerte se nutre de la indiferencia ante la vida"* en ese mismo ensayo incluye lo siguiente: *"El culto a la vida es también culto a la muerte"*. De ahí que los difuntos deben ser parte de la vida más que de la muerte.

f) Influencia en el arte y la cultura: Los ritos de muerte en México han tenido una influencia significativa en el arte y la cultura del país. Se pueden encontrar representaciones de la muerte en diversas manifestaciones artísticas, como la pintura, la escultura, la literatura y la música.

Cabe mencionar que esta festividad mexicana fue declarada patrimonio cultural de la humanidad por la UNESCO desde el 2008 por su importancia y significado en tanto que se trata de una expresión tradicional integradora representativa y comunitaria. El Día de Muertos se considera una celebración a la memoria y un ritual que privilegia el recuerdo sobre el olvido reúne a las familias para dar la bienvenida a sus seres queridos que vuelven del más allá.

En resumen, los ritos de muerte en México son una parte integral de la identidad cultural del país. A través de la celebración del Día de los Muertos y otras tradiciones relacionadas, se honra y recuerda a los seres queridos fallecidos, al tiempo que se celebra la vida y se reflexiona sobre la trascendencia de la muerte. Es quizás esta cultura mexicana el motivo principal de la inconsciencia ante la muerte. No se piensa solo se vive dolorosamente.

"En la educación radica la manera de vivir y morir"

Sin embargo, la muerte es vista de diferentes maneras en diversas culturas alrededor del mundo.

1.3 <u>Perspectivas CULTURALES sobre la muerte en algunas culturas.</u>

a)<u>Culturas orientales</u>: En muchas culturas orientales, como la china y la japonesa, la muerte se considera parte natural de la vida y se le brinda un profundo respeto. Se enfatiza la importancia de honrar a los antepasados y se realizan rituales y ceremonias para mantener una conexión con los difuntos. Además, el budismo y el taoísmo, entre otras tradiciones, tienen creencias y prácticas relacionadas con la muerte y el más allá.

b) <u>Culturas africanas</u>: En muchas culturas africanas, la muerte se ve como una transición a otra forma de existencia. Se le otorga un gran respeto a los antepasados y se realizan rituales para honrar su memoria y buscar su guía. Estas culturas a menudo tienen creencias en la vida después de la muerte y la continuidad del espíritu. En África la muerte también representa un carácter alegre este hace referencia a dos cosas: los cánticos a los muertos y el grito de paso en el que la persona conseguirá ver la luz o traspasar la frontera.

c) <u>En la India</u>. Cuando muere una persona se esperan seis o siete horas para su cremación. El maestro de ceremonias es el esposo, hijo mayor o algún familiar. Posteriormente el cuerpo es untado con mantequilla clarificada típica de la India el "Ghee". Después el maestro de ceremonias debe raparse por completo la cabeza, luego las personas más cercanas se encargan de envolver y decorar el cuerpo con telas y flores. Si son mujeres las telas son rojas y para los hombres son blancas. Después llevan el cuerpo al Río Ganges para purificar y limpiar el alma, lo sacan del agua, se arrodillan y rezan, hacen una base de bambú. Colocan el cuerpo en una pila de leña, añaden más leña encima del cuerpo, del templo de Shiva toman el fuego santo, dan cinco vueltas sobre el cuerpo con la paja encendida caracterizando los cinco elementos: fuego, agua, tierra, viento y espíritu. El proceso para arder dura tres horas. Aunque tienen diferencias respecto a la clase social a la que pertenecía el fallecido.

d) <u>Culturas indígenas de América</u>: Las culturas indígenas de América tienen diversas perspectivas sobre la muerte. Algunas culturas, como los navajos en Estados Unidos y los mapuches en Chile, ven la muerte como una transición hacia el mundo de los espíritus y realizan rituales para facilitar el viaje del alma.e) <u>Culturas occidentales:</u> En las culturas occidentales, como en gran parte de Europa y América del Norte, la muerte a menudo se percibe como un evento triste y doloroso. Sin embargo, también se llevan a cabo rituales de despedida, como funerales y entierros, para honrar al difunto y brindar apoyo a los seres queridos. En general, la muerte se considera el fin de la vida física y se enfatiza la importancia de recordar y preservar la memoria de los fallecidos.

Es importante respetar y comprender la diversidad de enfoques culturales hacia la muerte, ya que reflejan las creencias y valores arraigados en cada sociedad.

1.4 Principales religiones y su relación con la muerte.

En el <u>BUDISMO,</u> la muerte es vista como parte del ciclo natural de la vida y se le da una gran importancia en la enseñanza y práctica budista. A continuación, se presentan algunos aspectos clave sobre la muerte en el budismo.

a)Impermanencia: El budismo enfatiza la noción de impermanencia, la idea de que todo en la vida es transitorio y está sujeto a cambios. La muerte se considera simplemente una etapa más en este ciclo de cambios constantes.

b) Renacimiento: Según la creencia budista, la muerte no es el final absoluto, sino el comienzo de una nueva vida en el proceso de renacimiento. Se cree que después de la muerte, el individuo renace en otra forma de existencia basada en sus acciones pasadas (karma).

c) Ciclo del samsara: El budismo enseña que la vida es un ciclo interminable de nacimiento y muerte conocido como samsara. El objetivo último es liberarse de este ciclo alcanzando el estado de nirvana, que es la liberación del sufrimiento y el despertar completo.

d) Importancia de la preparación: El budismo enfatiza la importancia de estar preparado para la muerte en todo momento. Esto implica cultivar una mente clara y compasiva, practicar virtudes y seguir los preceptos éticos del budismo, así como cultivar la sabiduría y la meditación.

e) Rituales y prácticas funerarias: En las comunidades budistas, se realizan rituales y prácticas específicas para honrar a los difuntos y ayudarles en su transición hacia el próximo estado de existencia. Estos rituales pueden incluir oraciones, meditación, ofrendas y actos de generosidad.

f) **Reflexión sobre la impermanencia:** La muerte se utiliza como un recordatorio constante de la impermanencia de la vida y como una motivación para vivir de manera significativa y en armonía con los principios budistas. La meditación sobre la muerte y la impermanencia se considera una práctica esencial para cultivar una comprensión más profunda de la vida y la realidad.

Existen diferentes enfoques dentro del budismo, como el Theravada, Mahayana y Vajrayana. En general esta religión ofrece una perspectiva compasiva hacia la muerte y enfatiza la importancia de vivir de manera ética y sabia para prepararse para el momento final de la vida.

En el **<u>CRISTIANISMO,</u>** la muerte es vista como una transición hacia la vida eterna y está intrínsecamente ligada a las creencias sobre la resurrección y la salvación. Se consideran dos caminos después de la muerte: el cielo y el infierno. Al reino de los cielos irán todas aquellas personas que posean virtudes como seres humanos mientras que al infierno irán todas las personas que hayan cometido graves pecados durante su estancia en la tierra. El cielo visto como el paraíso anhelado y el infierno como lo más terrorífico donde puedas pagar por tu mal comportamiento en la tierra. Se cree que la vida en la tierra está en transición para llegar al paraíso que es el cielo.

A continuación, se presentan algunos aspectos clave sobre la muerte en el cristianismo:

a)Vida eterna: El cristianismo enseña que la muerte no es el final absoluto, sino el paso hacia la vida eterna. Se cree que aquellos que tienen fe en Jesucristo y siguen sus enseñanzas tendrán vida eterna junto a Dios en el cielo.

b) Salvación: El cristianismo enfatiza la creencia en la salvación a través de la fe en Jesucristo. Se cree que Jesús murió en la cruz para redimir a la humanidad del pecado y abrir el camino hacia la vida eterna. La muerte, por lo tanto, se ve como la entrada a esta salvación y la oportunidad de reunirse con Dios.

c) Resurrección: Una de las creencias centrales del cristianismo es la resurrección de Jesucristo. Se cree que

Jesús resucitó de entre los muertos, venciendo así la muerte y abriendo la posibilidad de una nueva vida para todos los creyentes. La resurrección se considera una promesa de esperanza y vida eterna.

d) Juicio final: El cristianismo enseña que habrá un juicio final de los tiempos, donde todas las personas serán juzgadas por sus acciones y creencias. Los creyentes esperan ser admitidos en el reino de Dios, mientras que los no creyentes enfrentarán la condenación.

e) Duelo y consuelo: En el cristianismo, se enfatiza el consuelo y el apoyo mutuo en momentos de duelo por la pérdida de un ser querido. Se anima a los creyentes a buscar consuelo en su fe y en la comunidad cristiana, se les recuerda que aquellos que han muerto están en la presencia de Dios y experimentan su amor y paz.

f) Esperanza en la resurrección: El cristianismo ofrece una esperanza en la resurrección, lo que implica la creencia de que los creyentes serán reunidos con sus seres queridos fallecidos en la vida eterna. Esto brinda consuelo y esperanza en medio del dolor y la pérdida.

Es importante tener en cuenta que las creencias y prácticas sobre la muerte pueden variar en las diferentes denominaciones y tradiciones dentro del cristianismo. Sin embargo, la creencia en la vida eterna, la resurrección y la salvación a través de Jesucristo son elementos comunes en la visión cristiana de la muerte.

En el <u>JUDAÍSMO,</u> la muerte es vista como parte del ciclo natural de la vida, y se le otorga un profundo significado religioso y cultural.

A continuación, se presentan algunos aspectos clave sobre la muerte en el judaísmo:

a) Valor de la vida: El judaísmo enfatiza el valor sagrado de la vida y la importancia de vivir de acuerdo con los preceptos y enseñanzas de la Torá. Se considera un deber preservar y cuidar la vida, y se busca vivir una vida virtuosa y significativa.

b) Olam Ha-Ba: En el judaísmo, se cree en la existencia de Olam Ha-Ba, que es el Mundo Venidero o la vida después de la muerte. Se cree que después de la muerte, el alma continúa su viaje hacia este mundo espiritual, donde se encuentra con Dios y experimenta la recompensa de sus acciones en vida.

c) **Duelo y luto:** La tradición judía tiene rituales y prácticas específicas para el duelo y el luto. Los familiares y amigos cercanos observan un período de luto y se involucran en el proceso de duelo durante un período determinado, que incluye rituales de entierro, el Shiva (período de siete días de luto en el hogar) y el Shloshim (período de treinta días de luto).

d) **Entierro y respeto por el cuerpo:** El judaísmo da gran importancia al entierro adecuado y al respeto por el cuerpo después de la muerte. Se prefiere un entierro rápido y se busca que el cuerpo sea tratado con dignidad y respeto. También se evita la cremación, ya que se considera que el cuerpo debe volver a la tierra de manera natural.

e) **Tikún Olam:** El concepto de Tikún Olam, que significa "reparar el mundo", es importante en el judaísmo. Se cree que a través de acciones justas y éticas en la vida, uno puede contribuir a la reparación del mundo y dejar un legado significativo incluso después de la muerte.

f) **Recuerdo y conmemoración:** En el judaísmo, se da importancia al recuerdo y la conmemoración de los seres queridos fallecidos. Se realizan rituales anuales, como la iluminación de una vela en el aniversario de la muerte (yahrzeit), así como visitas a las tumbas y la recitación de oraciones especiales en memoria de los difuntos.

Es importante destacar que las prácticas y las interpretaciones pueden variar dentro del judaísmo, dependiendo de la tradición y la orientación religiosa específica. Sin embargo, la creencia en la vida después de la muerte, la importancia del duelo y el respeto por el cuerpo, y la valoración de la vida y la responsabilidad ética son aspectos comunes en la visión judía de la muerte.

La Primera religión en el mundo es el __HINDUISMO__ 3000 años A. C. En esta religión, la muerte se ve como una parte natural del ciclo de la vida y la creencia en la reencarnación juega un papel fundamental en su comprensión. Aquí hay algunos aspectos clave sobre la muerte en el hinduismo:

a)Reencarnación: En el hinduismo, se cree en la reencarnación, lo que significa que después de la muerte, el alma se reencarna en otro cuerpo físico. La calidad de la próxima vida se determina por el karma, es decir, las acciones y el comportamiento de la vida anterior.

b) Ciclo del samsara: El hinduismo enseña que la vida es un ciclo continuo llamado samsara, que consiste en nacimiento, muerte y reencarnación. El objetivo último es liberarse de este ciclo y alcanzar la liberación espiritual, conocida como moksha.

c) Karma: El hinduismo enfatiza la importancia del karma, que es la ley de causa y efecto. Se cree que las acciones de una persona determinan las circunstancias de su vida próxima. Por lo tanto, se alienta a vivir una vida ética y moralmente recta para influir positivamente en las futuras reencarnaciones.

d) Rituales funerarios: En el hinduismo, los rituales funerarios son una parte importante del proceso de muerte y duelo. Los cuerpos generalmente se queman en una cremación, ya que se cree que liberar el alma del cuerpo físico es un paso crucial para su transición a la siguiente vida. Luego, las cenizas se dispersan en un cuerpo de agua sagrado.

e) Duelo y rituales de luto: Después de la muerte de un ser querido, se llevan a cabo rituales de luto y duelo, que pueden variar según las diferentes tradiciones y costumbres regionales. Estos rituales incluyen oraciones, ceremonias y reuniones familiares para honrar y recordar al difunto.

f) Importancia de la liberación: En el hinduismo, el objetivo último es alcanzar la liberación espiritual, moksha, y poner fin al ciclo del samsara. Se cree que la muerte es un paso hacia la próxima oportunidad de progreso espiritual y eventualmente alcanzar la liberación final.

Es importante tener en cuenta que el hinduismo es una religión diversa con diferentes escuelas de pensamiento y enfoques regionales. Por lo tanto, las creencias y prácticas relacionadas con la muerte pueden variar entre las diferentes comunidades hindúes. Sin embargo, la creencia en la reencarnación, la importancia del karma y los rituales funerarios son elementos comunes en la visión hindú de la muerte.

En el <u>ISLAM</u>, la muerte se considera un paso importante en el viaje espiritual de una persona y se le otorga un significado profundo en la creencia y la práctica religiosa. Aquí hay algunos aspectos clave sobre la muerte en el islam:

a)Creencia en la vida después de la muerte: En el islam, se cree en la existencia de la vida después de la muerte. Cuando mueren las personas, las almas son llevadas al Barzaj, un estado intermedio hasta el Día del Juicio, donde se recompensará o castigará en función de sus acciones en vida.

b) Juicio final: El islam enseña que habrá un Juicio Final al final de los tiempos, cuando todas las almas serán juzgadas por sus acciones en la vida terrenal. Aquellos que han llevado una vida justa y han seguido los mandamientos de Alá serán recompensados con el paraíso, mientras que aquellos que han cometido injusticias y pecados enfrentarán el castigo en el infierno.

c) Preparación para la muerte: Los musulmanes son alentados a prepararse para la muerte y el más allá a lo largo de su vida. Esto implica vivir una vida piadosa, cumplir con los mandamientos de Alá y buscar el perdón y la misericordia divina.

d) **Ritos funerarios islámicos:** Los rituales funerarios islámicos son conocidos como Janazah. Incluyen el lavado y envolvimiento del cuerpo del fallecido en un sudario, las oraciones fúnebres (Salat al-Janazah) y el entierro preferiblemente en un cementerio musulmán. Se enfatiza la simplicidad en los rituales y la prontitud en llevar a cabo el entierro.

e) **Duelo y consuelo:** Después de la muerte de un ser querido, los musulmanes se reúnen para ofrecer sus condolencias y apoyo a la familia del fallecido. Se alienta a los creyentes a tener paciencia y buscar consuelo en la fe, confiando en la voluntad de Alá y en la recompensa en el más allá.

f) **Importancia de las buenas acciones:** En el islam, se enfatiza la importancia de realizar buenas acciones y buscar el bienestar de los demás. Se cree que las buenas acciones pueden tener un impacto en la vida después de la muerte y pueden resultar en recompensas y beneficios en el más allá.

Es importante tener en cuenta que el islam es una religión diversa y existen diferencias culturales y prácticas regionales en cuanto a los rituales funerarios y las expresiones de duelo. Prevalece la creencia en la vida después de la muerte, el Juicio Final y la importancia de vivir una vida justa y piadosa son elementos comunes en la visión islámica de la muerte.

En el <u>CATOLICISMO</u>, la muerte se considera un paso natural en la vida humana y se le otorga un significado espiritual profundo. Este tiene una relación profunda y similitudes con el cristianismo.

Aquí hay algunos aspectos clave sobre la muerte en el catolicismo:

a)Esperanza en la vida eterna: En el catolicismo, se enseña la creencia en la vida eterna después de la muerte. Los católicos creen en la resurrección de los muertos, es decir, que al final de los tiempos, los cuerpos resucitarán y las almas se reunirán con ellos para vivir en la presencia de Dios.

b) Juicio particular: Después de la muerte, se cree que cada persona enfrentará un juicio particular ante Dios. En este juicio, se evaluará la vida de la persona y se determinará su destino eterno, ya sea el cielo, el purgatorio o el infierno.

c) Ritos funerarios católicos: Los rituales funerarios en el catolicismo son parte importante de la despedida del difunto y de la oración por su alma. Incluyen el velorio, las exequias (oración, rosario y misa) de difuntos, el entierro o la cremación del cuerpo. Estos rituales están diseñados para recordar y encomendar al fallecido a la misericordia de Dios.

d) Oración por los difuntos: Los católicos creen en la necesidad de orar por los difuntos y ofrecer sufragios para ayudar a las almas en el purgatorio. Se considera un acto de caridad y solidaridad espiritual con aquellos que han fallecido y están en proceso de purificación.

e) Duelo y consuelo: Después de la muerte de un ser querido, los católicos suelen tener un período de duelo durante el cual reciben el apoyo de la comunidad y la familia. Se anima a los creyentes a encontrar consuelo en la fe, confiando en la misericordia de Dios y en la esperanza de la vida eterna.

f) Importancia de la preparación: En el catolicismo, se enfatiza la importancia de la preparación para la muerte y la vida eterna a lo largo de la vida. Esto implica vivir una vida en conformidad con los mandamientos de Dios, recibir los sacramentos, arrepentirse de los pecados y buscar la reconciliación con Dios y los demás.

Las prácticas funerarias y las expresiones de duelo pueden variar en diferentes culturas católicas. Sin embargo, la creencia en la vida eterna, el juicio particular y la importancia de vivir una vida en conformidad con los mandamientos de Dios son elementos comunes en la visión católica de la muerte.

La manera de ver la muerte en épocas recientes, ha cambiado por las circunstancias, como sucedió en la pandemia mundial COVID19, que fue imprevista, increíble, avasalladora dejando un profundo dolor, de alguna manera se reconoció la importancia de estar vivos, el miedo se apoderó de las personas, pensando en su propia muerte y la de sus seres queridos. Nada se podía hacer ante la pandemia mundial. El ser humano con todos los avances médicos, tecnológicos y científicos se vio confrontado con su vulnerabilidad por el miedo y la impotencia de su propia muerte y la de sus familiares y seres queridos. A partir de ese momento, las personas en el mundo son ahora más conscientes de su propia finitud.

Así pues, cada persona, cultura, comunidad o país, elige la manera de ver y sentir la muerte. Esa transición es vista de diversas formas: positiva, con dolor, con lágrimas, algunas veces se convierte en un sentimiento profundo que causa un dolor insuperable, otras más se piensa en una reencarnación o en un "nos volveremos a ver en algún lugar", llamado esperanza. Aún con los nuevos descubrimientos de la ciencia y tecnología nada se sabe con certeza de lo que hay más allá después de la muerte.

Lo que se puede hacer es enfrentar la experiencia de la muerte que, aún es incomprensible, de una manera menos dolorosa para que se continúe con el transcurso de la vida. Aceptar que la muerte es natural y que todos los seres vivos son finitos, así se puede comenzar a preparar la propia muerte.

No somos conscientes ni autoconscientes. estamos codificados, programados y falta la exploración de la conciencia para despertar. Es necesario decodificar, desprogramar para que dejemos de ser lo que creemos que somos y realmente nos convirtamos en nosotros mismos.

CAPÍTULO 2

Muerte, Duelo, Pérdidas

"El legado perdido"

2.1 Definición de muerte

La muerte es el fin de la vida física, emocional y psíquica. Es el destino de todos los seres vivos, es implacable, es irreversible, es radical, es universal, es un evento que no es posible controlar, no se decide ni se planifica, no se sabe ni cuándo, ni dónde, ni de qué manera llegará el momento final. Muchas veces la muerte llega sin aviso previo y casi nunca se elige ni el tiempo, ni el lugar, las circunstancias son variables e incomprensibles.

La muerte es universal. Igual para mujeres, hombres, niños, niñas, adolescentes, a cualquier edad sin distingo de raza o religión. Todo ser humano es finito.

Es imposible controlar la muerte propia o ajena, causa un gran dolor. Es una resistencia a la naturalidad de la vida. Entonces viene el dolor y ese es el duelo que puede convertirse en sufrimiento. Esto llega cuando no se logra comprender las etapas naturales por las que se atraviesa en el duelo ya sea por ignorancia, educación o falta de preparación para enfrentar el desafío de la muerte que es inevitable e irreversible.

2.2 Definición del Duelo

El duelo es una respuesta natural al dolor emocional ante la experiencia de una pérdida de alguien o algo significativo en la vida (real o simbólica). Es un proceso individual, inevitable, doloroso y complejo que involucra diversas emociones, pensamientos y reacciones físicas que tiene repercusiones importantes en cada dimensión de la vida. El duelo y el dolor por la pérdida es una realidad que hay que afrontar de la mejor manera.

El duelo es también una experiencia global, que afecta a la persona en su totalidad: psicológica, emotiva, mental, social, física y espiritual. Esto influye en el desarrollo personal y social abarcando las diversas esferas de la personalidad y la vida del doliente.

Se considera duelo cuando se pierde aquello que creemos de manera inconsciente o consciente que nos pertenece y se cree que esa relación con el objeto o la persona no tendrá fin y aunque es seguro que llegará, no se acepta, porque cambia el ritmo de la vida o las expectativas. Cuando ocurre la pérdida, se manifiesta un quiebre o disrupción que provoca ciertas reacciones que son evidentes y cambian nuestro actuar diario.

En las etapas de la vida, el ser humano está acostumbrado a ganar, no quiere perder, desea sentirse bien y el displacer le desagrada, le causa incomodidad porque pierde el bienestar. Entonces cuando tiene una pérdida de "algo valioso" se confronta con diversas emociones de inseguridad, miedo, desesperanza, tristeza. La persona está imposibilitada para observar lo que SÍ tiene y no ha perdido debido al estrés emocional que vive.

El duelo no tiene una duración específica, es variable, ya que intervienen muchos factores para que se alargue o se acorte el período de dolor, esto depende de varios factores que te mostraré más adelante.

El duelo no sigue una línea recta que comienza en A hasta C, es un camino con curvas, subidas y bajadas, empedrados, resbaloso, ya que tiene muchos altibajos emocionales, se le llama momentos fluctuantes. Esto sucede porque cada persona percibe el dolor y el sufrimiento de diferente manera y depende de las herramientas de vida y muerte con las que cuenta la persona para continuar con la vida de manera armoniosa con él mismo y hacia los demás.

El objetivo de llevar un duelo sano es regresar a un equilibrio psicológico, emocional, físico y social a través de cambios graduales de una nueva realidad, sin bloqueos emocionales.

El duelo por la pérdida de una persona querida y amada se experimenta con un dolor profundo porque ese cariño y apego está arraigado en lo más profundo de los sentimientos de una persona. La dimensión del dolor por la pérdida dependerá de las expectativas y el apego que se tenga con el bien perdido y la relación que exista en el momento de la disrupción.

Cuando el apego es de gran magnitud puede llegar a ser dependencia emocional por lo que es muy común que se confunda con amor y el dolor puede llegar a ser muy grande. El doliente se siente traicionado, abandonado, solo, imposibilitado para continuar con su vida.

Las etapas del duelo son universales ya que la muerte ocurre a todos los seres vivos. Aunque no todas las personas pasan rigurosamente por todas las etapas ya que estas no tienen un orden ni una duración específicas.

El tiempo de duración del duelo depende en gran medida de la resiliencia, de las herramientas, apoyos psicológicos y emocionales que tenga el doliente.

En el duelo interviene, el carácter, la manera de ser, el apego, sensibilidad, historicidad, personalidad, creencias, valores, resiliencia, etc. Por esta razón no se debe juzgar a las personas que están en duelo. Ya que solo ellas saben lo que sienten y de la manera de manifestarlo.

2.3 Definición de luto

El luto es el proceso de adaptarse a la vida después de una pérdida, viene acompañado de una profunda tristeza. Una pérdida sea cualquiera que sea, cambia el ritmo de la vida y tiene variables de comportamiento en la sociedad por factores como las creencias, religión, cultura, como se menciona en el anterior capítulo.

Algunas personas son más sensibles que otras, sienten y sufren con mayor intensidad, depende de la resiliencia que se tenga para visualizar diferentes caminos y observar el hecho como una oportunidad para aprender.

La tarea del Tanatólogo es acompañar al doliente a aceptar la pérdida y proporcionar a la ausencia un nuevo significado en la consciencia y la trascendencia, en caso de muerte, honrar la vida de quien se ha ido, con agradecimiento y amor por el tiempo que el fallecido caminó junto a la persona.

2.4 ¿Qué son las pérdidas?

De acuerdo con el Diccionario de la Lengua Española, una pérdida se define como la carencia o privación de lo que se poseía.

La pérdida es universal. Es igual para mujeres, hombres, niños, adolescentes, a cualquier edad sin distingo de raza, creencia o religión. Vivir es un cúmulo de pérdidas, algunas significativas otras imperceptibles.

Ante la evidencia de que ya no se tiene lo que antes se consideraba como propio, viene un desajuste emocional, financiero o ambos, por diferentes motivos y es doloroso, afecta la vida cotidiana de una persona. Aunque la pérdida sea pequeña o mediana o grande, viene dolor emocional, espiritual, psicológico, hace que la persona que lo sufre se sienta mal. Es un dolor del alma y necesita un proceso de reflexión, aceptación y sanación de esa pérdida ya que no existe una pastilla o un paliativo que alivie este tipo de dolencia. Entonces es necesario un proceso de duelo.

El hecho de la pérdida incomoda porque no permite hacer lo que se hacía anteriormente. Se manifiesta de diferentes maneras, que son síntomas o molestias, de menor o mayor intensidad ya que se pierde el deseo de trabajar, le impide dormir bien, se siente apatía, está triste, enojado, falta de apetito, deprimido, se aísla, tiene ataques de pánico, deseos de vomitar, dolor de cabeza o cintura, etc.

Ese dolor acompaña al doliente durante el tiempo que dura el duelo, hasta que aprende a aceptar la pérdida de manera consciente como algo natural de la vida ya que todo cambia, nada es estático.

Las pérdidas significativas pueden ser humanas, económicas, espirituales, sociales, intelectuales, etc. En ellas se involucran: sentimientos, emociones, situaciones físicas y dolor, que no se pueden evitar porque a través del cerebro y de los neurotransmisores se envían señales de malestar diversas. Esos neurotransmisores son los responsables del llanto, tristeza, ira, desolación, depresión, etc., ya que para que haya una emoción o sentimiento antes hubo un pensamiento.

Existe la costumbre de tratar de ocultar el dolor. La persona manifiesta dolor, se aísla, no desea relacionarse con nadie, no quiere hablar, llora frecuentemente.

2.5 Pérdidas significativas en la vida.

1.Duelo por el <u>fallecimiento</u> de un ser querido, familiar, amigo, pareja. Este es el tipo de duelo más conocido y se refiere al proceso de luto y adaptación tras la muerte de alguien cercano. Este tipo de duelo implica enfrentar el dolor, procesar la pérdida y ajustarse a la nueva vida sin la persona fallecida.

2. La _infidelidad_ de un esposo o novio. La persona a la que se le ha sido infiel pasa por varios procesos que pueden llevar a diversas emociones: como son la ira, enojo, deseos de venganza, culpa, vergüenza, minusvalía de sus capacidades. Estos síntomas pueden llevar al doliente a la depresión, algunas veces sencilla y otras más profunda.

3. Duelo por _divorcio o separación_ de una pareja.. La separación o el divorcio de una pareja también puede desencadenar un proceso de duelo. En este caso, se termina el amor, la confianza, los proyectos de vida y la pareja puede enfrentar sentimientos de pérdida, tristeza y necesita un ajuste a una nueva realidad sin la presencia del cónyuge o pareja. Puede desencadenar baja autoestima y emociones de soledad o minusvalía. En este duelo, es importante tomar en cuenta el entorno familiar ya que, si la pareja tiene hijos, el duelo se extiende a ellos y el dolor será más ya que la pareja separada o divorciada, tendrán que hacer cambios, no solo en ellos sino también en los hijos. Aunque en los hijos, el dolor es diferente, es importante tomar en cuenta todo el contexto en que se dan los hechos y cómo los integrantes de la familia serán "obligados" a una nueva forma de vida. Se debe tomar en cuenta que esta

puede ser una pérdida provisional ya que en algún momento, puede ser restituida si se reflexiona y se le otorga el valor necesario para que no sea definitiva.

4. Pérdida del <u>Trabajo.</u> El duelo por la pérdida de un empleo o negocio propio puede generar un dolor emocional significativo. Las personas pueden experimentar miedo, tristeza, frustración, incertidumbre y pérdida de identidad debido al cambio en su situación laboral. Este duelo puede repercutir en el bienestar familiar y social.

5.Duelo por <u>enfermedad crónica o discapacidad.</u> La enfermedad crónica o discapacidad lleva al paciente a un proceso de duelo por pérdida de la salud que incluye la falta de un miembro u órgano del cuerpo. La aceptación y adaptación de una nueva realidad física y emocional son importantes ya que el doliente puede experimentar una variedad de emociones, desde la tristeza hasta la frustración que pueden conducir a la depresión y por ende más difícil llegar a la aceptación.

6. Pérdida de la <u>libertad corporal.</u> Por un error o mala decisión, la ley castiga a la persona privándola de la libertad. La persona se ve aislada involuntariamente,

deja su vida, familia y entorno. Viene la culpa, desesperación, miedo y emociones que trastornan su equilibrio emocional.

7. Pérdida de la <u>libertad por salud</u> como se experimentó con la pandemia de COVID 19, Encerrados en casa con miedo por el contagio, se pierde la confianza y la socialización, se deja de abrazar y de besar. Muertes imprevistas, sin cerrar ciclos ni despedirse de los seres amados, en esta etapa se han dado duelos acumulados que no han sido tratados. También se pierde la libertad por falta de una enfermedad y se pierde la movilidad por ende la persona carece de incentivos para seguir viviendo confortablemente. Otra de las causas de pérdida de libertad es por secuestro, ya que es una situación que incentiva la inseguridad, el miedo y la desolación de ver vulnerada la integridad como ser humano.

8. Pérdida de la <u>juventud</u>. La jubilación de un trabajo por edad o por enfermedad. Este duelo es muy importante porque acontece en una etapa de la vida donde la persona no es productiva, se siente inútil, hay desesperanza, depresión, se visualiza como el fin de su vida, sin expectativas. En un sistema capitalista, este

duelo tiene singular particularidad. La persona debe encontrar nuevas ilusiones y perspectivas, así como ser consciente de su Yo interior, para tener una vida saludable y confortable.

9. En un niño o un adolescente el cambio de: <u>inocencia, escuela, colonia, casa, ciudad, país,</u> implica dejar lo que se era para ser aceptar el nuevo presente. Se pierden amigos de escuela o de barrio. Cambiar de vida no es fácil, dejar atrás el paisaje diario, trae un desequilibrio emocional de inseguridad y falta de pertenencia.

10. Cuando los <u>hijos se van</u> y el hogar queda como "el nido vacío". Este duelo es significativo porque durante la vida de los padres, se dedicaron a vivir para el bienestar de los hijos y ahora que se encuentran en soledad, acompañados o solos pierden la brújula de la vida con la sensación de haber terminado una misión y si no hubo un planteamiento anterior al hecho de que algún día pasaría viene el sentimiento de soledad y en ocasiones de desamparo.

11. La<u> traición de un socio, familiar, amigo.</u> Es la pérdida de la confianza en alguien y viene un dolor por

la pérdida de estabilidad emocional. Nace la desconfianza.

12. La pérdida de una <u>mascota.</u> El duelo por la pérdida de una mascota también puede desencadenar un duelo significativo. Las personas pueden experimentar un profundo dolor y una sensación de vacío al perder a un compañero amoroso. Se necesita también pasar por un proceso de adaptación y aceptación de su ausencia.

13. Las pérdidas por las <u>etapas del desarrollo de la vida:</u> niñez, adolescencia, juventud, madurez, vejez. Esta pérdida es significativa porque hay cambios a nivel físico, emocional y espiritual, se adquieren nuevas responsabilidades a nivel social, el cuerpo se modifica y esos cambios son obvios, vienen acompañados de desajustes hormonales que empeoran la situación. Las personas quieren retroceder en el tiempo y al no tener la oportunidad de hacerlo existe falta de aceptación a la nueva etapa evolutiva.

14. Perder la <u>autoestima, el amor propio, la reputación.</u> Estas pérdidas son importantes porque la persona es violentada, difamada o subestimada por algún abusador sea familiar o extraño. La seguridad personal

se ve trastornada por ese hecho y es difícil recuperar la autoconfianza. Existe dolor, ira, culpa, enojo, deseos de venganza ocasionados por un desequilibrio emocional.

15. El <u>rechazo</u> de algún grupo, o novio. La pertenencia, ser aceptado, querido o deseado es muy importante para el desarrollo de la personalidad de una persona. La disrupción en el diario vivir trae consigo desajuste emocional y en este caso social. Se observan: aislamiento, frustración, inseguridad. El doliente necesita ser acompañado.

16, La pérdida de <u>un bien material:</u> casa, coche, moto, avión, etc. El sistema capitalista trae consigo el hecho de que se es poseedor de todo lo que te rodea. La pérdida de un bien material adquiere importancia cuando esa pérdida es significativa para la persona, ya sea por motivos morales, sociales o sentimentales, la pérdida conlleva un proceso de aceptación.

17. Una mujer que <u>no puede embarazarse , un aborto o pérdida del vientre.</u> La sociedad, las creencias y la religión nos ha mostrado durante la existencia que la mujer es poseedora de vida. Cuando la mujer no puede embarazarse o presenta algún problema de salud con

referencia al vientre pierde la seguridad en ella misma, se siente desvalorizada como mujer y necesita acompañamiento para la aceptación de las circunstancias que le fueron asignadas en esta vida.

18. Pérdidas <u>psicológicas</u>. Se pierde el amor propio como es: autoestima, confianza, seguridad. Trae consigo los miedos y profunda inseguridad para continuar con la vida,

19. Pérdida de <u>ideales</u>. Cuando se deja de luchar por los sueños. O simplemente hay desconocimiento del por qué de la vida?

20. Pérdida del status <u>social:</u> Esta es una pérdida añadida de otras por diversas causas como economía, cambio de ciudad o algún malentendido o rumor por no cumplir con reglas sociales.

2.6 Etapas del Duelo

El duelo es un proceso individual y único para cada persona. Las etapas no se experimentan necesariamente de manera secuencial o en un orden predecible. Algunas personas pueden saltar o retroceder entre las etapas, mientras que otras pueden experimentar emociones adicionales o diferentes etapas no mencionadas en el modelo original. Es esencial recordar que no hay una forma "correcta" o "incorrecta" de experimentar el duelo., aquí intervienen los sistemas que se mencionan al inicio.

Cuando se logra el equilibrio entre las seis dimensiones del ser humano: neurológico, emocional, psicológico, físico, espiritual y energético el dolor del duelo será menor.

Algo que se debe tener claro es que cuando llegue la aceptación, la pérdida no se observará con la misma intensidad, se recordará con menor dolor, será menos intensa.

"Pensar que las cosas pueden ser diferentes es evitar la realidad, en cambio si se concentra en lo que es, no lo que podría ser será la aceptación de lo inevitable. El final no es lo más importante, la manera en que se termina tiene más significado. Para las personas que van a fallecer solo habrá palabras de agradecimiento o de amor ante el desenlace evidente"

Según Elizabeth Kubler Ross, la madre fundadora de la Tanatología, existen cinco fases o etapas del duelo:

a)NEGACIÓN

En esta etapa se niega la realidad, por lo tanto, no se puede cambiar la visión en el duelo. Es una etapa de gran impacto emocional. Es un mecanismo de defensa de la psique, es temporal y se da a nivel neurológico. Esta etapa ayuda a sobrevivir al dolor emocional para que el cerebro procese ese primer tiempo. Es un filtro para asumir la realidad. Cuando llega la pérdida de una persona que se ama o una pérdida significativa, existe una resistencia para aceptar el hecho, sobreviene un shock emocional que crea un conflicto en la mente del doliente y ante eso que no se puede cambiar se piensa y se dicen frases como: "no es cierto, estoy soñando, por qué a mí, no lo creo, mañana despertaré, esta situación cambiará, no lo acepto, es un castigo, tan joven, tenía tanta vida, que haré sin él o ella, no puedo seguir adelante",etc. Existe un sentimiento de desesperanza, abandono y es imposible observar más allá del momento que se está viviendo. El mundo, como se tenía antes del suceso, ha cambiado..

Los síntomas más comunes son: incredulidad persistente, miedo, letargo emocional, incapacidad para aceptar la muerte, preocupación por la ausencia de lo que ya no se tiene, un dolor emocional intenso se posesiona de la persona.. Todo se ve gris, opaco., es una desesperanza y confusión total.

También hay dolores físicos como dolor de estómago o cabeza, aumento de presión arterial, palpitaciones, ataques de pánico. Es el organismo defendiendo el impacto para sobrevivir sin ser consciente de lo que dice o hace. Es conveniente no subestimar esta etapa, con frases como: "está en el cielo", "tienes un ángel" " todo pasará", "te acompaño en tu dolor". Lo mejor en este momento es acompañar en silencio y escuchar al doliente.

b) IRA, ENOJO.

Cuando se empiezan a desgastar los hechos de la negación, el dolor aflora de forma contradictoria en forma ira. Es una incomodidad emocional. La ira y el enojo permiten establecer una barrera para no ser vulnerables. En esta etapa juzgar y culpar a sí mismo y a otros. Vienen pensamientos de: no es justo, se busca culpables, sobreviene la autoculpa, se siente arrepentimiento de no haber hecho lo suficiente, se reparten culpas a todos: a Dios, la vida, los médicos, la persona misma, todo lo que se relaciona con el hecho en sí hasta al mismo fallecido por haber dejado en abandono al doliente, surge el miedo a seguir adelante sin lo que se perdió. Se requiere respuestas y no se encuentran. Surgen las preguntas: ¿Por qué? ¿por qué? Y vienen las creencias: ¿Es un castigo? ¿Algo se hizo mal o se le hizo mal a alguien? ¿Si hubiera.....hecho esto, o lo otro, son muy largos los hubieras... Es un dolor interno enorme, acompañado de culpa de lo que se hizo o no se hizo o simplemente por estar enfadados son tristezas profundas, muchas veces irracionales.

c) *NEGOCIACIÓN*

Es una reacción normal ante la impotencia y la vulnerabilidad. Se busca un cambio ante lo inminente. Surge la desesperación, se quiere hacer cualquier cosa que minimice el dolor. Se desea recuperar el control con respuestas. Se acepta el hecho como cierto. La persona se da cuenta de que la pérdida es real. Se racionaliza y se ponen en una balanza las ventajas y desventajas de que haya ocurrido de esa manera. Se hacen diversos análisis de cómo sucedieron los hechos, se observan diferenciaciones del Sí y el No de hechos reales, aunque sigue percibiendo culpa, tristeza y dolor. Hay un choque de emociones y sentimientos que van y vienen, semejante a una rueda de la fortuna, que sube y baja. Hay inestabilidad en las reacciones y por ende en las acciones. Existe arrepentimiento y desea volver atrás en el tiempo con el propósito de ver un final distinto al que se vive.

Como defensa, se hacen tratos internos con la propia persona, con Dios, con personas cercanas, etc., como un paliativo. Se pospone lo inevitable con promesas internas. Esta negociación puede darse antes o después de la pérdida, si se es religioso se pide a una deidad un "milagro", se hacen promesas.

Aquí surge el cambio, "daría la vida porque me hubiera pasado a mí" o los hubiera "si hubiera hecho esto o aquello" las cosas serían diferentes. Se busca la diferencia con un resultado distinto.

d) DEPRESIÓN

Es una fase de desolación total. Hay una reacción a las implicaciones de la ausencia, también es una crisis existencial con profunda tristeza. Son momentos de despedida final de la pérdida definitiva ya que es inminente. En este momento se manifiesta una profunda tristeza acompañada de crisis de mucha ansiedad y desmotivación para seguir adelante con la vida. Hay palabras absolutas y significativas que se pueden identificar este momento observando el lenguaje totalitario de la persona: TODOS, ABSOLUTAMENTE, TOTALMENTE, INCESANTEMENTE, DEFINITIVO, ENTERO, NUNCA, SIEMPRE, CADA UNO, CADA COSA, LLENO, VACÍO, DEBER, NADA, TOTALMENTE. Son palabras que dan como terminada y definitiva la situación sin observar más allá que lo que simplemente no se ve, que es pensar que eso que ahora es difícil, interminable e incomprensible pasará en algún momento.

Las emociones son: profundas, negativas, tristes, desoladas, opacas, oscuras. Las personas se sienten solas y miserables. Se observa la vida como un caos total, sin esperanza, sin camino, sin luz, sin horizonte, porque así está el interior de la persona, destruído.

Es una etapa de mucho cuidado y valor, porque de este momento depende de la fortaleza y la resiliencia que tenga la persona para salir de ese caos y pozo oscuro o permanecer en ese sitio apoyándose con el dolor con riesgo de convertirse en sufrimiento. En este momento se define si el duelo es sano o es un duelo patológico.

La falta de cultura para expresar condolencias después del sepelio es indicativo de la escasa noción que se tiene de las pérdidas, porque cuando se llega con un doliente y se le manifiesta frases de "consuelo" como son: "te acompaño en tu dolor", "está en el cielo", si lloras no lo de dejar descansar", "no estés triste", cuando lo único que necesita la persona es el silencio propio y ajeno. Cuando se trata de reprimir el llanto del doliente es que no se sabe qué hacer con el propio llanto. Lo más conveniente es acompañar al doliente con amor, en silencio, escuchando sin dar consejos, siendo empático. Acompañar es "dejar ser" sin presionar. Ser empático sin compartir experiencias propias. Solo escuchar, crear empatía, validar y comprender los sentimientos de la persona.

El coach acompañante deberá abrir un canal de confianza y de seguridad con el doliente, esto ayudará que evolucione en el desarrollo de su duelo.

Cuando esta etapa se alarga, es necesario comprender que algún día tendrá que detenerse ese dolor tendrá que ir aminorando y será ese mismo dolor, la fuerza interna que le impulsará para salir adelante para no llegar al sufrimiento.

"Solo las personas capaces de amar intensamente pueden sufrir un gran dolor, pero esta misma necesidad de amar sirve para contrarrestar sus duelos y las cura" Leon Tolstoy.

En el duelo es mejor, no tomar decisiones ya que no se está en condiciones psicológicas de manejar asuntos con el dolor emocional.

e) ACEPTACIÓN

En esta etapa se acepta la pérdida y se gestionan las emociones. Es el final del proceso de duelo. La imaginación se calma, el miedo disminuye. Se acepta lo inevitable.

La muerte algunas veces puede ser repentina e inesperada y también esperada después de una enfermedad, cuando es anunciada, se pueden tomar acciones racionales que ayudan a que el proceso del duelo sea menos doloroso, despedirse del ser querido, hacer "las paces" si hay algo pendiente, dar confianza y consuelo al que se va, ser empático con su propio dolor y los demás familiares, con la vida y con el mundo.

Sin embargo, cuando la muerte es repentina, el panorama que se tenía, cambia drásticamente y es una razón para que el duelo sea más doloroso.

Del tamaño del apego por el tiempo compartido con esa persona, es la magnitud de la pérdida y por ende el dolor. Cuando se acepta que hay un fin en todo lo relacionado a la vida, pero que es posible seguir viviendo, aún con esa pérdida, entonces, viene la aceptación de un cambio de vida y de paradigmas.

La aceptación es un período de paz más que de felicidad ya que la vida nunca volverá a ser igual. se aprende a vivir de una nueva manera. en diferente contexto.

El dolor del duelo acompaña al doliente durante mucho tiempo hasta que se aprende a vivir de diferente manera y se acepta la pérdida como algo natural de la vida y que todo ha cambiado.

La supervivencia emocional, es la resiliencia personal y es la que fluye en esta etapa usando los recursos propios externos e internos al alcance de las necesidades. Sin embargo, las personas a alrededor del doliente esperarán amorosamente pacientemente a que la persona llegue con menos dolor y aceptación.

Es importante aprender a identificar en qué etapa del duelo se está, para comprender y dar el espacio suficiente para ir transitando sanamente con ese dolor.

Algo que se debe tener claro es que cuando llegue la aceptación, la pérdida no se observará con la misma intensidad, se recordará con menor dolor. Aunque no con olvido.

Cabe mencionar que los duelos no se SUPERAN, se ACEPTAN, ya que el ritmo de la vida nunca volverá a ser igual que antes de la pérdida.

La aceptación será un mejor lugar para vivir en paz, se verá la esperanza como esa la luz después del túnel y se contará con energía suficiente para valorar las ventajas y desventajas de la pérdida. Se puede creer que no hay ventajas, si las hay, solo hay que pasar a la aceptación, para visualizarlas y estar abierto a nuevos contextos.

Aunque para Elizabeth Kubler Ross el duelo tiene cinco etapas, actualmente se reconoce otra etapa, la sexta. Que consiste en la consciencia del significado de la pérdida. La sexta es *resignificar la pérdida,* es encontrar un sentido a la nueva realidad para transformarla en una experiencia de vida, y transformación, aquí está inmerso el Coaching Ontológico ya que cuando se asimila la pérdida, se le otorga el valor referencial desde el punto personal y darle el justa medida, observar las ventajas de esas pérdidas a partir de la introspección personal, sincera y espiritual.

"Pensar que las cosas podrían ser diferentes es evitar la realidad, en cambio se concentra en lo que es, no lo que podría ser. El final no es lo más importante, la manera en que se termina tiene más significado. Para las personas que van a fallecer solo habrá palabras de agradecimiento o de amor ante el desenlace evidente"

"LA LLAVE PARA LA ACEPTACIÓN ES SENTIR NO RESISTIR"

2.7 Características del Duelo

El duelo se caracteriza por una amplia gama de experiencias emocionales, físicas y mentales. Las emociones comunes durante el duelo incluyen tristeza, ira, culpa, confusión, miedo, ansiedad, sensación de vacío, cambios en los patrones de sueño y apetito, sentimientos contradictorios. Físicamente, cambios en la energía y la salud en general. A nivel cognitivo, las personas en duelo pueden tener dificultades para concentrarse, tomar decisiones o recordar detalles. Es importante reconocer estas características como respuestas normales y compasivas para acompañar a las personas en duelo, validar y comprender la propia experiencia.

2.8 Factores que Influyen en el Duelo

El proceso de duelo puede verse influenciado por una variedad de factores individuales y contextuales. La relación con la persona fallecida, la naturaleza de la pérdida, las circunstancias de la muerte, el apoyo social disponible, las creencias personales, religión y valores personales, así como las experiencias previas de pérdida, son solo algunos ejemplos de factores que pueden afectar la forma en que cada persona experimenta y procesa el duelo. Es importante reconocer la singularidad de cada proceso de duelo y evitar comparaciones y juicios.

2.9 Duración del Duelo

La duración del duelo varía ampliamente de una persona a otra y no existe un plazo establecido para sanar el duelo. Algunas personas pueden experimentar una resolución más rápida del duelo, mientras que otras pueden llevar más tiempo para adaptarse y encontrar la "nueva normalidad". Es necesario que la persona en duelo se permita el tiempo necesario para sanar y ajustarse a su nueva realidad sin ser presionado para acortar el duelo. La duración del duelo no debe ser juzgada por su longitud, sino por la calidad del proceso y la capacidad de la persona en duelo para avanzar hacia la sanación y la reintegración en su vida cotidiana.

2.10 Clasificación de los tipos de duelos por tiempo y forma.

Estos son algunos ejemplos de los tipos de duelos que las personas pueden enfrentar a lo largo de la vida, Cada tipo de duelo tiene sus características y desafíos específicos y cada individuo puede experimentarlo de manera única. Eso depende de diferentes factores como son: apego, emocionalidad, personalidad, criterio, creencias, etc. Es importante reconocer y respetar la singularidad de cada experiencia de duelo y brindar el apoyo adecuado en cada caso.

a)Anticipado. Es aquel que empieza antes de que suceda. Ejemplo: una enfermedad. Este duelo ayuda a ir resolviendo las situaciones, organizar las ideas y tal vez los sentimientos estableciendo las ventajas y desventajas de la ausencia que está por venir. Tiene menor impacto porque el duelo es paulatino. Más adelante se analizará la importancia de los <u>cuidados paliativos</u> en este duelo.

b) Sano. No requiere intervención por un alto grado de resiliencia y conocimiento. Expresiones normales sanas. Cambios en el estilo de vida, Existe agradecimiento y amor. Pasa por todas las etapas, pero el tránsito en el duelo fluye.

c) Sin resolver. Se estanca en alguna etapa del duelo. Siendo difícil avanzar sin acompañamiento profesional. Es de larga duración.

d)Crónico. También llamado patológico o complicado ya que no se resuelve, es agudo y dura mucho tiempo. Se oculta el dolor, necesita ser acompañado para darle resolución.

e) Ausente. La persona se niega a asumir los hechos. O sea, está atrapado en la negación.

f) Retardado. La persona inicia el duelo mucho tiempo después de la pérdida. No proporciona espacio al sufrimiento.

g) **Enmascarado.** Lo cubre con una máscara para no sufrir y se somatiza en alguna enfermedad.

h) **Intensificado.** Todas las expresiones son superlativas, tiene mucha inestabilidad emocional.

i) **Inhibido.** Se manifiesta por dificultad en expresar emociones. No se habla de la pérdida.

j) **Desautorizado.** Es cuando la familia no permite que se hable del suceso. Por ejemplo, el duelo perinatal, las que no se permiten en la sociedad. El sentimiento se queda atrapado.

k) **Distorsionado.** La persona ha experimentado un duelo previo y se encuentra con uno nuevo, hay una reacción desproporcionada.

l) **Acumulados.** Es cuando un duelo no se resuelve y viene otro y otro.

ll) **Suspendidos o no resueltos.** Cuando una persona desaparece y no hay un cadáver. Tiene la característica de ser muy doloroso ya que se vive en la incertidumbre al no disponer de la "despedida", ni del proceso de duelo. Se vive con esperanza e incertidumbre.

m) **Patológico.** Es un duelo convertido en enfermedad que necesita asistencia psicológica y psiquiátrica. Se manifiesta por deterioro de las relaciones interpersonales. Disfuncionalidad de las actividades cotidianas. Sufrimiento. Está fuera de su contexto cultural.

n) **Complicado. Es un** proceso de duelo prolongado y con dificultades significativas para avanzar en la sanación. Es importante identificar las señales de alerta y los posibles enfoques de intervención para ayudar a las personas que experimentan un duelo complicado. Es necesario profundizar en la razón fundamental.

o) **Comunitarios.** Cuando hay una catástrofe de la naturaleza o accidente múltiple. Ejemplo: Un terremoto o un accidente de un tren. Recientemente el COVID. Estos duelos son dolorosos por el impedimento de despedirse de la persona.

p) **Violento.** Impacto por accidente, suicidio. Deja un profundo vacío, culpa, incertidumbre, miedo.

q) **Secretos o escondidos.** Es un aborto o una persona fallecida con una relación secreta. Intervienen las creencias religiosas y el estatus social.

Los duelos se complican cuando no se aceptan y las emociones no se gestionan, resistiéndose a reconocer la realidad.

2.11 Existen pérdidas principales y secundarias.

La pérdida principal de una persona es que fallece alguien querido y la pérdida secundaria es aquella que como consecuencia de la pérdida de ese ser querido termina también la estabilidad financiera. Si derivado de la primera pérdida por el duelo, alguien se enferma, viene una pérdida concurrente, una pérdida anterior se acumula, entonces surge una pérdida acumulada o secundaria ya que se encima un duelo sobre otro. Todo esto equivale a englobar un duelo complicado.

El impacto ante la muerte o pérdida se viven en procesos distintos algunos más largos otros más breves depende de las personas que acompañan al doliente. Cada experiencia de desapego conlleva diferente dolor: mental, físico, emocional, espiritual, psicológico y los tiempos dependen de varios factores que son la personalidad, la relación de apego que se tenía con la pérdida y con los recursos externos e internos con que se cuenta.

Cada pérdida tiene un duelo. La intensidad depende del valor relacional que el "objeto" o persona tiene para el doliente.

Recordar que el duelo no solo es aplicable a la muerte de una persona. También es todo aquello que tiene "valor" real o irreal. Consciente o inconsciente, depende del sentimiento o las creencias acerca de esa pérdida es la causa que provoca ese dolor.

Superar el duelo en los niños puede ser un proceso desafiante, el acompañamiento en ellos deberá ser guiado a la comprensión de la finitud de las personas y al manejo de sus emociones para superar la pérdida a través de actividades específicas, especialmente lúdicas.

Ante la evidencia de que ya no tienes lo que antes considerabas como tuyo, viene un desajuste emocional y tal vez financiero o ambos, por diferentes motivos pero que es doloroso y afectan la vida cotidiana de una persona. Aunque la pérdida sea pequeña o mediana o grande, viene dolor emocional, espiritual, psicológico, provoca malestar, incomodidad. Es un dolor del alma y se necesita un proceso de reflexión y aceptación para sanar esa pérdida ya que no existe un analgésico o un paliativo que alivie este tipo de dolencia.

El duelo incomoda porque interrumpe el ritmo de la vida como se tenía concebida o planificada, se tienen síntomas o molestias como: falta de deseos de trabajar, imposibilidad de dormir bien, apatía a lo que anteriormente se disfrutaba, tristeza, enojo hacia todo, falta de apetito, depresión, aislamiento, ataques de pánico, deseos de vomitar, dolor de cabeza o cintura, etc.

Ese dolor puede acompañar al doliente durante mucho tiempo hasta que aprende a vivir de diferente manera y acepta la pérdida como algo natural de la vida, con la conciencia de que todo cambia, nada es para siempre.

Una separación que no es mortal, pero es significativa, proporciona la posibilidad de restituir lo perdido. Algunas pérdidas nos dan la oportunidad de volver a empezar. Ejemplo: un divorcio o separación.

2.12 La niñez y el duelo.

Aspectos evolutivos del duelo según la edad del niño y el concepto de la muerte:

Uno de los momentos importantes de las pérdidas se dan con la edad cronológica y evolutiva del ser humano. Aquí radica la importancia de la educación, para anticipar la aceptación de las pérdidas con menos dolor.

Cuando se es consciente de las diferentes características en las etapas desde la niñez, es muy posible que se pueda educar en conciencia y realismo para no llegar a etapas muy dolorosas en un duelo.

1.*Antes de los tres años.* El niño vive la pérdida en función de los cuidados maternales y el acompañamiento es con base en sus necesidades elementales. Percibe la ausencia de la persona que lo cuida y lo atiende. No conceptualiza la muerte. No tiene noción de ella, pero hay noción de ausencia de la persona que lo provee de las necesidades básicas: comer, dormir, bañarse, etc. Existe un vínculo de apego significativo con las personas cercanas: padre, madre, cuidador.

2. *A los tres años.* El niño empieza a desarrollar el concepto de muerte, la conceptualiza como "quedarse dormido", la observa de manera provisional y reversible (ejemplo: en las caricaturas), espera que se despierte, depende de lo que se converse con el niño creerá que está en las nubes o con un ser divino. En esta edad, la muerte está asociada a la inactividad (quedarse quieto) y la vida al movimiento. Ellos mismos juegan a "hacerse el muerto, cierran los ojos". Así creen que alguien fallecido de pronto volverá a abrir los ojos. En esta edad, hay que ayudarlo a conceptualizar que no está dormido, que murió. ¿Cómo? Morir es dejar de respirar, su corazón no late, no camina, no se mueve. El niño lo asimila mejor de esta manera.

3. *A los cuatro años.* Inicia la conciencia de universalidad e irreversibilidad de la muerte, asociada con enfermedades, vejez, persiste un pensamiento mágico (piensan que sus pensamientos se hacen

realidad). Es importante incorporarlos en la narrativa de la muerte. "Todos nos vamos a morir". La respuesta ideal es: "Todos nos vamos a morir algún día, pero hoy no, somos y estamos felices ahora". Pueden llegar a preguntarte ¿Cuándo te vas a morir?. "No sé cuando" Es necesario decirles que las personas fallecidas ya no van a volver, un muerto no regresa. (irreversible).

4. *De seis a nueve años.* Saben que la muerte es universal e irreversible. Existe mayor respuesta emocional, también un riesgo a que se genere una gran culpa por la pérdida. Contestar con la verdad a sus preguntas es lo más pertinente. Reconocen que una persona se va a morir no solo de vejez, enfermedad, etc., ya saben que se pueden morir por un accidente o un homicidio.

Antes de dar respuesta a su pregunta, investigar de donde tiene esa información para responder con la verdad sin dar explicaciones que no se piden.

5. *De los nueve a los diez años.* Manifiestan todas las emociones habituales de un duelo. Son propensos a expresarse de manera agresiva o aislada en el proceso de duelo. Se sugiere que se le involucre en todas las

actividades del duelo y de los ritos. Identificar sus necesidades, cuidar que sus rutinas esenciales, se rompan lo menos posible como son, las actividades diarias. Hacer esto les proporciona seguridad y estabilidad emocional.

Algunas otras pérdidas que tienen los niños son pérdidas de: juguetes, mascotas, habilidades y destrezas (por enfermedad), pubertad, cambio de escuela, separación de padres, confinamiento por COVID 19, amistades, economía de la familia.

Existen tareas para el duelo en la niñez: Hablar de la pérdida, decirlo con la verdad. Decir cómo se siente con la pérdida (emociones), de forma verbal para no llegar al comportamiento disruptivo, adaptarse al entorno en que la persona ya no está.

Es necesario generar espacios y encuentros donde el niño pueda expresar sus emociones.

Acompañar al niño a seguir creciendo aún con la pérdida y seguir viviendo con el vínculo de la persona ausente. Esto implica hablar continuamente de la persona ausente, hará que sea menos doloroso.

Superar el duelo en los niños puede ser un proceso desafiante, el acompañamiento en ellos deberá ser guiado a la comprensión de la finitud de las personas y al manejo de sus emociones para superar la pérdida a través de actividades lúdicas y específicas.

2.13 ¿Por qué no nos preparamos para las pérdidas o para la adversidad?

El impacto ante la muerte o pérdida se viven en procesos distintos algunos más largos otros más breves depende como se ha mencionado de diversos factores. Cada experiencia de desapego conlleva una carga mental, físico, emocional, espiritual, psicológica y los tiempos dependen de varios factores. Uno de ellos y muy importante es la personalidad que juega un papel primordial así como la relación de apego que se tenía con el fallecido, los recursos externos e internos, etc.

En el transcurso de la vida se van perdiendo personas, cosas, situaciones, etc., y todas aquellas que sean significativas, serán importantes. Darle a cada una de las pérdidas la importancia que tienen, evita que existan *duelos acumulados*.

Una de las pérdidas significativas es la propia muerte. El dolor es parte de la naturaleza humana, la persona se siente atrapada en el tiempo, suspendida. "Hacerse cargo significa asumir la responsabilidad de las propias necesidades y aceptar el camino de la vida y la muerte.

Prepararse para la muerte significa aceptar que existe, que llegará en cualquier momento, que ese pensamiento inconsciente de inmortalidad no se puede evadir. Cuando no se reconoce es en realidad una evasión a algo que no se desea aceptar. Esto tiene que ver con las experiencias que con antelación se han tenido y de un conjunto de factores que se han mencionado hasta ahora.

Es importante planificar la propia muerte incluyendo la pérdida de la salud, para vivir de acuerdo a las circunstancias personales y familiares con el propósito de causar el menor dolor posible a las personas cercanas, aminorando el duelo en momentos difíciles.

Una manera común de prepararse es haciéndose cargo de la realidad de la finitud a través de la educación desde temprana edad. Dejando atrás mitos y creencias que cierran posibilidades para hacerse consciente.

Es necesaria la consciencia de la finitud para pensar, planificar y decidir la propia muerte en beneficio de la prevención del dolor. Existe la premisa de que la persona "se de cuenta" y acepte que es provisional, efímero y finito.

Capítulo 3

Educación, vida y muerte

"El adiós inesperado"

La relación entre la educación, la vida, y la muerte de una persona es un tema profundo y complejo que abarca múltiples dimensiones. La educación, entendida como un proceso de adquisición de conocimientos, habilidades y valores, desempeña un papel fundamental en la formación y desarrollo de un individuo a lo largo de su existencia.

Desde el nacimiento hasta el último suspiro, la educación influye de manera significativa en la calidad vida y por ende en la calidad de la muerte de una persona. Durante los primeros años, la educación temprana moldea la capacidad de aprendizaje, estimula el crecimiento cognitivo y emocional, y sienta las bases para un desarrollo saludable y define la personalidad de la persona. La educación en la infancia brinda herramientas para explorar el mundo, fomenta la curiosidad y ayuda a comprender los aspectos fundamentales de la vida.

A medida que una persona crece, la educación adquiere un papel cada vez más relevante en la construcción de su identidad y en la toma de decisiones. La adquisición de conocimientos académicos y habilidades prácticas permite desarrollar capacidades cognitivas, fortalecer la capacidad de razonamiento y desarrollar habilidades de resolución de problemas. Estas competencias son esenciales para enfrentar los desafíos y oportunidades que se presentan en la vida cotidiana, así como en el ámbito laboral. No obstante, la educación va más allá de la transmisión de conocimientos, habilidades y destrezas. También implica la formación de valores, el fomento del pensamiento crítico y la promoción del desarrollo moral.

La educación integral está fundamentada en preparar a las personas para enfrentar los desafíos de la vida, también para ser ciudadanos responsables y éticos. Ayuda a comprender la importancia del respeto, la tolerancia, la empatía, la resiliencia y promover la búsqueda de la justicia y el bienestar personal y social.

En cuanto a la relación entre la educación y la muerte de una persona, se puede observar que la educación desempeña un papel trascendental. La educación no puede detener la inevitabilidad de la muerte, pero sí influye en cómo una persona enfrenta su propia mortalidad y en cómo impacta a quienes quedan atrás.

Una educación sólida puede ayudar a una persona a reflexionar sobre el significado y propósito de la vida, a comprender y aceptar la finitud humana, a buscar el sentido trascendente de la vida y el camino hacia la muerte. También la educación puede brindar herramientas para lidiar con el dolor y el duelo, así como para honrar la memoria de aquellos que han fallecido.

Además, la educación contribuye a construir un legado duradero ya que es un factor importante en el desarrollo de habilidades y formación de valores. A través de ella, una persona puede dejar un impacto positivo en la sociedad, transmitir conocimientos y valores a las generaciones futuras, y ser recordada por sus contribuciones y logros. De esta manera, la educación puede trascender más allá de la muerte física y perdurar en la memoria colectiva.

La inteligencia emocional se refiere a la capacidad de reconocer, comprender y gestionar las emociones personales, así como las emociones de los demás. En el contexto de la muerte, la educación con enfoque en la inteligencia emocional acompaña a las personas a abordar la finitud de la vida de manera saludable y constructiva.

La educación con inteligencia emocional puede proporcionar herramientas y estrategias para comprender y manejar las emociones de la pérdida y la persona en duelo de manera significativa, también fomenta la conciencia emocional y la empatía hacia quienes están experimentando la pérdida. Esto implica desarrollar la capacidad de ponerse en el lugar del otro, comprender sus sentimientos y necesidades, y brindarles apoyo emocional adecuado. La empatía es fundamental para crear conexiones significativas y compasivas en momentos de duelo, tanto para el individuo que enfrenta la muerte como para quienes lo rodean.

Otro aspecto importante de la educación con inteligencia emocional relacionada con la muerte es el desarrollo de habilidades de comunicación afectiva y efectiva.

A menudo, las personas pueden sentirse incómodas o inseguras al hablar sobre la muerte, lo que puede generar barreras en la comunicación, la expresión emocional es necesaria con el apoyo de herramientas que faciliten el diálogo y la comprensión mutua. La educación puede proporcionar herramientas para abordar este tema de manera abierta y respetuosa, Por lo tanto, la educación con inteligencia emocional desempeña un papel crucial en la forma en que las personas enfrentan la muerte. Al desarrollar la conciencia emocional, la empatía, las habilidades de comunicación efectiva y la búsqueda de significado y trascendencia para encontrar un sentido trascendente en medio de la pérdida.

La teoría de las inteligencias múltiples, desarrollada por Howard Gardner, sostiene que existen diferentes formas de inteligencia, y que cada individuo posee combinaciones únicas de estas inteligencias. Estas inteligencias incluyen, entre otras, la inteligencia lingüística, lógico-matemática, espacial, musical, corporal-kinestésica, interpersonal, intrapersonal y naturalista. La relación entre las inteligencias múltiples, la educación, la vida y la muerte es compleja y puede abordarse desde diferentes perspectivas.

En el contexto educativo, la comprensión de las inteligencias múltiples permite el acercamiento holístico. En lugar de enfocarse exclusivamente en el desarrollo académico, la educación basada en las inteligencias múltiples busca identificar y potenciar las fortalezas individuales de cada individuo. Esto implica reconocer y valorar las diversas formas de inteligencia y brindar oportunidades de aprendizaje que se ajusten a las necesidades y habilidades de cada estudiante.

En relación con la vida, las inteligencias múltiples pueden influir en la forma en que las personas experimentan y se relacionan con el mundo. Por ejemplo, alguien con una inteligencia musical desarrollada puede encontrar una profunda conexión con la música y expresar sus emociones a través de ella. Una persona con inteligencia interpersonal fuerte puede establecer relaciones significativas y empáticas con los demás. Cada inteligencia puede enriquecer la vida de una persona, permitiéndole involucrarse en actividades que sean significativas y satisfactorias para ellas.

En cuanto a la muerte, las inteligencias múltiples también pueden desempeñar un papel importante en la forma en que las personas la comprenden y la procesan emocionalmente. Por ejemplo, una persona con una inteligencia intrapersonal desarrollada puede reflexionar profundamente sobre la mortalidad y buscar un sentido trascendental en el ciclo de la vida y la muerte, facilitando el apoyo con empatía hacia quienes están enfrentando la muerte, acompañándolos a sobrellevar su pérdida.

Además, las inteligencias múltiples pueden influir en cómo se recuerda a las personas después de su muerte. Aquellos que han dejado un legado en el ámbito artístico, científico o social, por ejemplo, pueden ser recordados por sus contribuciones en esos campos específicos. Las inteligencias múltiples ofrecen diferentes formas de dejar una huella duradera en la sociedad, incluso después de la muerte.

La educación basada en las inteligencias múltiples busca potenciar las fortalezas individuales de los estudiantes. En la vida, las inteligencias múltiples enriquecen las experiencias y las interacciones con el entorno. Respecto a la muerte, las inteligencias múltiples pueden influir en la comprensión de la mortalidad, en el apoyo emocional a quienes enfrentan la pérdida y en el legado que se deja en la sociedad.

Para que la inteligencia emocional sea asertiva se necesita que el sistema educativo sea dirigido hacia el desarrollo de estas inteligencias múltiples basada en la educación humanitaria, enfocar primero al autoconocimiento, después al desarrollo de habilidades de las emociones y sentimientos para que en el devenir de la vida se ofrezca la oportunidad de tener la libertad de SER. Se comenzará con aprendizajes en el orden de SER, HACER y TENER. En lugar de lo que la educación tradicional marca, HACER, TENER, SER.

Para esto, es necesario educar en inteligencia emocional en el contexto de familia, padres y escuela. No delegar la educación de los estudiantes únicamente al sistema educativo formal.

Es necesario despertar en la persona la motivación intrínseca para SER mejores personas para un mundo , interactivo con dificultades y hacer que estas, sean tan solo un camino a recorrer, nunca el destino. Esto evitará la frustración ante un cambio en la vida o una pérdida importante que se vea como una barrera difícil de superar. Dar y generar las herramientas necesarias para que la persona tenga autoconocimiento de sí mismo. Evitará el estrés, la ansiedad, la culpa por equivocarse que provoque sentimientos de derrota y termine algunas veces en suicidio u otra pérdida de la seguridad personal y la autoconfianza.

El camino es educar en competencias blandas o sea la inteligencia emocional, para que a través de la educación la persona sea: asertiva, resiliente, empática, para salir adelante aún en las adversidades de la vida, como es en los duelos que son por pérdidas significativas.

CAPÍTULO 4

Introducción al Coaching

"El silencio de las almas"

4.1 ¿Qué es Coaching?

El Coaching es una disciplina que entrena y acompaña a la persona en procesos de diferentes disciplinas especializadas. Identifica donde está la persona en el presente y a donde quiere llegar. ¿Qué le hace falta para lograr lo que desea? Existe una conversación entre un coach y un coachee o cliente.

4.2 Coaching Ontológico

¿Cómo sabremos a donde ir si no distinguimos qué mundo emocional habitamos?

El término "coaching" se ha utilizado en diferentes contextos y disciplinas a lo largo de la historia reciente, por lo que no existe un único fundador del coaching en su forma actual. Sin embargo, el enfoque moderno del coaching como una práctica profesional sistemática y estructurada tiene sus raíces en varias disciplinas y personas que han contribuido a su desarrollo.

El coaching moderno se ha influenciado por campos como la psicología, la consultoría empresarial, la filosofía y el deporte, su práctica continúa en evolución y en desarrollo.

El coaching ontológico es una disciplina que nace de la necesidad de conectar dos mundos: el aprendizaje con el mundo interior y las necesidades o carencias de cualquier índole. Tiene como base el acompañamiento a la persona que está en crisis, que a través de la comunicación la persona debe ser capaz de auto conocerse, descubrirse y reconocer las capacidades internas y externas cognitivas y emocionales del SER humano. Reconoce a la persona en cinco dimensiones: cuerpo, lenguaje, emoción, energía y espiritualidad. El ser humano se crea a sí mismo en el lenguaje y a través del acompañamiento individual y personalizado se atiende a la persona con respeto, autonomía, confidencialidad y empatía.

El coaching ontológico fue desarrollado principalmente por tres figuras prominentes: Rafael Echeverría, Julio Olalla y Fernando Flores. Estos autores y practicantes han desempeñado un papel fundamental en la definición y promoción del coaching ontológico.

Estas son solo algunas de las figuras que han contribuido al desarrollo del coaching moderno. El coaching ha evolucionado a lo largo del tiempo y ha sido influenciado por diversas corrientes de pensamiento y enfoques, y su práctica continúa desarrollándose en la actualidad.

Rafael Echeverría, un filósofo y consultor chileno, es ampliamente reconocido como uno de los principales exponentes del coaching ontológico. En su libro "Ontological Coaching and Leadership in the Context of the Great Disruption" (Coaching ontológico y liderazgo en el contexto de la gran disrupción), Echeverría explora los fundamentos filosóficos y ontológico ya que proporciona una visión detallada de cómo se aplica en la práctica el coaching ontológico.

Julio Olalla, de origen chileno, es otro líder destacado en el campo del coaching ontológico. Ha contribuido a su desarrollo tanto a nivel teórico como práctico. Olalla ha impartido programas de formación en coaching ontológico y ha escrito libros, como "From Knowledge to Wisdom: Essays on the Crisis of Contemporary Learning" (De conocimiento la sabiduría: ensayos sobre la crisis del aprendizaje contemporáneo), donde explora los principios ontológicos que sustentan el coaching.

Fernando Flores, un filósofo y político chileno, también ha influido en el desarrollo del coaching ontológico. Sus ideas se centran en la importancia del lenguaje y la conversación en la construcción de la realidad y el desarrollo personal. Flores ha escrito varios libros, incluyendo "Conversations for Action and Collected Essays: Instilling a Culture of Commitment in Working Relationships" (Conversaciones para la acción y ensayos recopilados: inculcar una cultura de compromiso en las relaciones laborales), donde explora cómo utilizar la comunicación efectiva para generar resultados y transformaciones en el ámbito del coaching.

En conjunto, Echeverría, Olalla y Flores han desempeñado un papel crucial en la definición y promoción del coaching ontológico. Su trabajo ha contribuido a establecer los fundamentos teóricos y prácticos de este enfoque, que se centra en la exploración individual de la forma de ser, hablar, sentir y actuar, de una persona, el cual impacta la manera de interpretar y enfrentar el mundo.

El coaching ontológico reconoce la estrecha relación personal entre la cognición, las emociones, la realidad, la manera de ser, y actuar en el mundo. En este enfoque, se considera que las emociones tienen un papel fundamental en la experiencia y en la capacidad de generar resultados y transformación en una vida significativa.

Así pues, el coaching ontológico sostiene que las emociones no son simplemente reacciones automáticas a estímulos externos, sino que son construcciones sociales y lingüísticas que están influenciadas en la forma de interpretar y dar sentido a la realidad.

Las emociones están vinculadas a las creencias, valores, pensamientos y lenguaje, y afectan directamente las acciones y comportamientos. En el coaching ontológico, se busca explorar y comprender las emociones para gestionarlas de manera efectiva y generar los resultados deseados. Esto implica identificar y comprender las emociones que surgen en diferentes situaciones, así como las creencias y narrativas subyacentes que las sustentan con herramientas prácticas que conduzcan a la conciencia y regulación emocional para la transformación de la persona. y sus creencias limitantes. Uno de los pilares del Coaching Ontológico son las emociones.

Las emociones pueden ser:

a)Internas: imágenes mentales, pensamientos, sensaciones corporales, etc.

b) Externas: Lugares, personas, situaciones.

c) Impulsos o pautas de acción.

d)Tienen tiempo: pueden pertenecer al pasado, al presente o al futuro.

La función de las emociones es garantizar la supervivencia de la persona ya que con la expresión de ellas, se recibe la energía necesaria para accionar ante una amenaza ya sea real o imaginaria. Puede desaparecer o permanecer.

En el duelo se prioriza el desarrollo y la habilidad de observar, explorar y cuestionar las emociones desde una perspectiva reflexiva y cómo éstas influyen en las percepciones, interpretaciones y acciones que definen el comportamiento humano. Al trabajar con las emociones en el coaching ontológico, se busca expandir la capacidad de elegir y generar estados emocionales alineados con los objetivos y propósitos. Esto implica desarrollar mayor inteligencia emocional y habilidades para gestionar y canalizar las emociones de manera constructiva con el propósito de reconocer la forma de ser y actuar ante el mundo y las disrupciones que emanan del diario vivir.

4.3 Introducción al coaching tanatológico

Presentación de los principios básicos del coaching ontológico, tanatológico y su importancia en el proceso de duelo.

La importancia de unir el apasionante mundo del coaching ontológico que acompaña a la persona en su autoconocimiento y búsqueda de consciencia de su propio ser, con la tanatología que tiene enfoque en las pérdidas y el proceso de duelo es de relevante importancia. De ahí surge el coaching tanatológico. Esta es una disciplina que combina las herramientas especializadas de las dos disciplinas para brindar apoyo y guía a las personas que están en duelo.

I Coaching Ontológico.

a) No se sabe cómo son las cosas.
b) No se tiene acceso a la verdad.
c) Se interpreta a los seres humanos como seres lingüísticos.
d) El lenguaje es generativo.
e) Los seres humanos se crean a sí mismos en el lenguaje y a través de él.

II. Tanatología

    a) Reconoce al ser humano como un ser biológico, social y espiritual.

    b) Interviene para curar el dolor de una pérdida y la desesperanza.

    c) Previene e interviene en situaciones de crisis.

    d) Atiende las relaciones significativas al doliente a través del proceso de duelo.

III Coaching Tanatológico

    a) Reconocer la crisis.

    b) Ruptura de antiguos hábitos.

    c) Validación de emociones.

    d) Inicio de reconstrucción de vida.

    e) Búsqueda de nuevos objetos de amor.

    f) Reajuste de vida significativa y aprendizaje.

4.4 Importancia del coaching ontológico y tanatológico.

El Coaching Tanatológico, se enfoca de manera sustantiva en el acompañamiento emocional terapéutico durante el proceso de duelo y pérdida. Existen diversas técnicas que el Coach puede integrar entre las dos disciplinas (Ontología Y Tanatología) de importancia relevante como son la inteligencia emocional, resiliencia, transformación personal, aceptación, gestión de cambio, empatía, etc.

La pérdida y el duelo son experiencias universales e individuales. A medida que la persona se enfrenta a la realidad inevitable de la muerte y como consecuencia el duelo, es crucial contar con apoyo y guía para navegar por esos desafiantes momentos.

El fin del coaching tanatológico es encontrar una perspectiva positiva y proactiva con enfoque humanista que contribuya a encontrar la fuerza interior necesaria para dar un sentido renovado de propósito y significado en la vida de las personas en duelo.

Con mayor comprensión y aceptación de las emociones hasta la adquisición de herramientas prácticas para enfrentar los desafíos del duelo, el coaching tanatológico ofrece un espacio seguro y de apoyo para aquellas personas que buscan sanar y reconstruir su vida con una nueva mirada de futuro.

El propósito de este acompañamiento es proporcionar un enfoque humano al doliente en la mejora de la calidad de vida, evitar el aislamiento social, disminuir el estrés, aumentar la autoestima, mejorar la salud mental y psíquica, reconocer las herramientas con que se cuenta para hacerle frente a la nueva realidad de vida y establecer un nuevo estilo de vida.

El acompañamiento en el duelo es importante para generar cambios en el pensamiento de la persona que tiene el duelo. Esto significa "darse cuenta" que lo que le ha ocurrido es real y que forma parte de su nueva realidad porque el hecho es irreversible. Se entiende como *REALIDAD* los *HECHOS* más las *INTERPRETACIONES*.

A través del coaching tanatológico, las personas en duelo pueden recibir apoyo personalizado y orientación para enfrentar los desafíos emocionales, físicos y espirituales asociados con la pérdida de un ser querido o un bien estimado y encontrar una perspectiva positiva y proactiva con enfoque humanista que les ayuda a encontrar la fuerza interior necesaria para dar un sentido renovado de propósito y significado en sus vidas.

4.5 Beneficios del Coaching Tanatológico:

El coaching tanatológico ofrece una amplia gama de beneficios para aquellos que están atravesando el duelo, desde una mayor comprensión de su SER individual con creencias y aceptación de las emociones, en un espacio seguro, confidencial, ético y de apoyo emocional sin juicios ni opiniones de parte del coach, Otras ventajas del coaching tanatológico es la adquisición de herramientas de afrontamiento efectivas, el fortalecimiento de la resiliencia emocional, el desarrollo de habilidades para gestionar las emociones intensas y la creación de una red de apoyo y comprensión. Estos beneficios permiten a las personas en duelo encontrar la fuerza interior para seguir adelante y reconstruir su vida de manera significativa.

4.6 El Rol del Coach Tanatológico

El coach tanatológico es una persona capacitada y empática que desempeña un papel fundamental en el proceso de duelo. Actúa como un guía compasivo y objetivo, brindando un espacio seguro y confidencial para que las personas en duelo exploren sus emociones, desafíos y metas.

El papel del coach tanatológico es escuchar atentamente, hacer preguntas poderosas, brindar apoyo emocional, identificar obstáculos y proporcionar herramientas prácticas que ayuden a las personas en duelo a establecer metas realistas y desarrollar estrategias para encontrar su camino hacia la sanación y el crecimiento personal.

4.7 *La Inteligencia emocional* en el contexto del Coaching Tanatológico:

a) *Conciencia emocional*: Es la capacidad de reconocer y comprender las propias emociones, así como las de los demás, es fundamental en el Coaching Tanatológico. Esto implica ser consciente de las emociones que surgen durante el proceso de duelo y cómo afectan a la persona en duelo.

b) *Gestión emocional:*

La gestión de las emociones es un componente crucial en el proceso de duelo y en el coaching tanatológico. ¿Qué hago? ¿Cómo lo hago? ?¿Para qué lo hago? Importantes preguntas acerca de la gestión de las emociones.

Las emociones desencadenadas por la pérdida pueden ser intensas y diversas, y aprender a manejarlas de manera saludable es fundamental para el bienestar emocional y el progreso en el proceso de duelo.

Las emociones son reacciones neurofisiológicas desencadenadas por un estímulo interno o externo. Son automáticas, intensas, repentinas, automáticas, transitorias, breves en el organismo, complejas y son percibidas de manera individual como circunstancias u obstáculos según la interpretación personal y son evidentes ante cambios psicológicos variables de conducta.

Los sentimientos son emociones sostenidas en el tiempo en cuanto la mente consciente decide darles espacio. En ellos se involucran de manera muy importante las emociones, las creencias y el estado de ánimo.

Las emociones básicas también conocidas como primarias o universales, son aquellas que se consideran comunes a todas las culturas y se consideran innatas en los seres humanos. Estas emociones básicas son:

a)Alegría: Se caracteriza por sentimientos de felicidad, satisfacción y placer. Puede manifestarse a través de sonrisas, risas, y una sensación general de bienestar, es de corta duración.

b) Tristeza: Implica sentimientos de pena, desesperanza y pérdida. Puede manifestarse a través de llanto, apatía y expresiones faciales de tristeza. Puede permanecer por períodos prolongados.

c) Miedo: Involucra una respuesta de alerta ante una amenaza percibida. Puede manifestarse como temor, ansiedad y aumento de la frecuencia cardíaca. Puede ser efímero o permanente.

d) Ira: Se caracteriza por sentimientos de enojo, frustración y agresividad. Puede manifestarse a través de expresiones faciales tensas, aumento de la presión arterial y comportamientos agresivos. Es un estímulo inmediato a un evento pasajero y peligroso si no se tiene control.

e) Sorpresa: Es una respuesta a algo inesperado o sorprendente. Puede manifestarse a través de expresiones faciales de asombro y una respuesta física de sobresalto. Es de rápida respuesta y pasajera.

f) Asco: Surge en respuesta a estímulos desagradables o repulsivos, como olores o sabores desagradables. Puede manifestarse como una expresión facial de repulsión y sensación de náuseas. Efímero e impredecible.

<u>Las emociones secundarias</u> son emociones más complejas, se derivan de las emociones básicas, tienen diferentes etiologías. Estas emociones secundarias pueden variar en función de la cultura, teorías, enfoques y experiencias individuales. Algunos ejemplos de emociones secundarias son:

a) Vergüenza: Surge cuando existe falta de autoestima o una sensación de humillación debido a acciones o situaciones embarazosas.

b) Culpa: Implica sentirse responsable o arrepentido por haber hecho algo incorrecto o dañino hacia sí mismo o hacia otros.

c)Envidia: Ocurre cuando se experimenta resentimiento o deseo por poseer algo que otra persona tiene, como habilidades, posesiones o logros.

d) Celos: Se produce cuando se teme perder a una persona querida o una relación importante ante la presencia de una tercera persona.

e) Remordimiento: Es similar a la culpa, pero implica un sentimiento persistente de arrepentimiento por acciones pasadas.

f) Orgullo: Implica sentirse satisfecho y valorado por los propios logros, habilidades o características positivas.

g) Esperanza: Es una emoción positiva relacionada con la expectativa optimista de que algo deseado o favorable suceda en el futuro.

h)Gratitud: Surge cuando se siente aprecio y reconocimiento hacia alguien o algo por su contribución o ayuda.

Los sentimientos son generativos de placer y displacer: Esta clasificación divide los sentimientos en aquellos que implican placer o bienestar (por ejemplo, la felicidad, la alegría) y aquellos que implican displacer o malestar (por ejemplo, la tristeza, la ira).

Los sentimientos también pueden clasificarse según combinaciones de emociones básicas o primarias. Por ejemplo, la nostalgia puede ser una combinación de tristeza y alegría, mientras que la ansiedad puede involucrar miedo y preocupación.

Es importante tener en cuenta que estas clasificaciones son aproximaciones generales y que los sentimientos pueden ser muy personales y subjetivos. Además, los sentimientos pueden ser complejos y variar en intensidad, duración y manifestación individual. La comprensión y expresión de los sentimientos puede ser influenciada por factores culturales, experiencias personales y el contexto en el que se experimentan.

Es importante diferenciar aquellas cosas que no se pueden controlar y las que sí es posible controlar. No se puede controlar el clima, el paso del tiempo, las decisiones de los demás, la muerte de los seres queridos. Lo que sí puedo controlar son los actos, las decisiones, los juicios, los pensamientos, un plan de acción de vida, la alimentación, etc.

Es necesario tener en cuenta que las emociones y sentimientos que se extienden en el tiempo tienen un costo: se pierde la tranquilidad, el cuerpo lo siente, la mente lo asimila y al generar estrés terminan en enfermedades psicosomáticas. Son reales, porque los órganos del cuerpo lo sienten, bajan las defensas y por ende las enfermedades florecen.

__La empatía__ es clave en el Coaching Tanatológico, ya que implica la capacidad del coach de ponerse en el lugar del doliente, validar, comprender, empatizar con sus experiencias emocionales, poner atención completa en los diferentes lenguajes expresados (verbal y no verbal), sin juicios. El Coach debe ser capaz de conectar emocionalmente con el doliente, mostrar comprensión para brindar un espacio seguro y de apoyo para facilitar el proceso de duelo.

4.8 Reconocimiento y Aceptación de las Emociones

El primer paso en la gestión de las emociones es reconocer y aceptar la presencia de las emociones que surgen a raíz de la pérdida. Es común experimentar una amplia gama de emociones abrumadoras como tristeza, ira, culpa, confusión y miedo que se intentan reprimir. En el coaching tanatológico, se fomenta el reconocimiento y la validación de estas emociones sin juicio ni resistencia. Sin embargo, es importante permitir, experimentar y expresar las emociones de manera saludable.

El coach tanatológico permite a través de la escucha activa que la persona comparta y exprese sus emociones de manera auténtica. A través de técnicas de escucha activa y empatía, se ayuda a la persona en duelo a comprender que las emociones son normales y válidas en el contexto del duelo. Esta aceptación permite que las emociones se acepten de manera saludable y contribuye a la sanación emocional.

4.9 Técnicas de Regulación Emocional

Una vez que se reconoce y acepta la presencia de las emociones, es necesario desarrollar técnicas de regulación emocional para manejarlas de manera constructiva. Algunas técnicas de regulación emocional incluyen la respiración consciente, la relajación progresiva, la meditación mindfulness y la práctica de la atención plena. Estas técnicas ayudan a las personas en duelo a cultivar la calma interior, reducir la ansiedad y el estrés, y recuperar un estado de equilibrio emocional, esto permite desarrollar habilidades de autorregulación emocional a lo largo de su proceso de duelo. Algunos ejemplos son:

a)Prácticas de Respiración: **La respiración consciente es una herramienta poderosa para calmar la mente y el cuerpo. Se pueden enseñar técnicas de respiración profunda, como la respiración abdominal, para reducir la ansiedad y promover la relajación.**

b) Visualización Guiada: **La visualización guiada es una técnica en la cual se invita a las personas en duelo a imaginar un lugar seguro y reconfortante donde puedan conectarse con sus emociones y encontrar consuelo. Esta práctica ayuda a reducir el estrés y promover un estado emocional más tranquilo.**

c) Exploración y Expresión Creativa

La exploración y expresión creativa son poderosas herramientas para la gestión de las emociones en el coaching tanatológico. La creatividad proporciona una vía para procesar y canalizar las emociones de manera no verbal y liberadora. A través de actividades como el arte, la escritura, la música, el baile o la actuación, las personas en duelo pueden dar voz a sus emociones y encontrar una salida saludable para expresar su dolor, su amor y su gratitud.

<u>*d) Aprendizaje de Habilidades de Comunicación Emocional*</u>

La comunicación efectiva de las emociones es esencial para el proceso de duelo y para las relaciones interpersonales durante este tiempo. En el coaching tanatológico, se practican habilidades de comunicación emocional que permiten a las personas en duelo expresar sus sentimientos de manera clara, respetuosa y asertiva.

<u>*e) Cultivo de la Resiliencia Emocional.*</u> La resiliencia emocional es la capacidad de adaptarse y recuperarse frente a los desafíos emocionales y adversidades de la vida con mayor fortaleza y adaptabilidad. En el coaching tanatológico, se promueve el cultivo de la resiliencia emocional como una herramienta poderosa para afrontar el duelo y avanzar hacia el crecimiento personal. Esto puede incluir la práctica del autocuidado, el cultivo de pensamientos positivos y realistas, el establecimiento de metas alcanzables, la búsqueda de apoyo social y la adaptación flexible a los cambios que surgen a raíz de la pérdida también les brinda la capacidad de encontrar esperanza y crecimiento en medio del dolor.

f) Gestión del Estrés y la Ansiedad

El duelo puede generar niveles significativos de estrés y ansiedad. El coaching tanatológico ofrece herramientas de gestión del estrés y la ansiedad, que motiven la relajación, respiración consciente y prácticas de mindfulness. Estas herramientas ayudan a las personas a reducir la tensión física y mental, promoviendo así mayor calma y bienestar durante el proceso de duelo.

g) Comunicación efectiva: La comunicación clara y empática es esencial en el Coaching Tanatológico. Esto implica la capacidad de expresar emociones de manera adecuada, escuchar activamente a la persona y establecer comunicación abierta y segura.

h)Autoconciencia: El autoconocimiento es fundamental para el Coach Ontológico y Tanatológico, ya que permite reconocer y gestionar las propias emociones, actitudes y creencias que podrían influir en el proceso de acompañamiento. La reflexión y la autorreflexión son herramientas importantes para el crecimiento personal y profesional para ser consciente de lo que se es y lo que se quiere lograr..

i) *Conocimiento sobre el duelo y la pérdida*: Es fundamental para el Coach Tanatológico tener un profundo conocimiento sobre los diferentes aspectos del duelo y la pérdida. Esto incluye comprender las etapas del duelo, los procesos emocionales y cognitivos asociados, así como las respuestas individuales y culturales ante la pérdida.

j) Facilitación del proceso de duelo: El Coach Tanatólogo tiene habilidades para facilitar el proceso de duelo del doliente, brindando orientación, apoyo y herramientas prácticas. Esto puede incluir ayudar a la persona a identificar y expresar emociones, trabajar en la aceptación de la pérdida, promover el autocuidado y la autorreflexión, y establecer objetivos realistas para avanzar en el proceso de duelo.

k) *Orientación hacia el crecimiento personal*: La importancia de entrelazar el Coaching Ontológico con la Tanatología es evidente en este aspecto ya que también puede enfocarse al doliente en el crecimiento personal y la transformación donde pueden surgir evidencias positivas "al darse cuenta" al hacerse consciente de lo que **SÍ** tiene en el enfoque del proceso de duelo. Esto implica acompañar al doliente a encontrar significado y propósito en su experiencia, identificar fortalezas, recursos internos, y fomentar el desarrollo personal y el autodescubrimiento.

4.10) Regulación de los pensamientos y el Estrés

En el duelo es muy importante la regulación del estrés emocional para conocer la manera en que funcionan los pensamientos: ya que frecuentemente se presentan: repetitivos, acelerados, compasivos, autodestructivos, siendo disruptivos e impiden la sanación del proceso de duelo. implica reconocer las emociones, aceptarlas sin juicio y gestionarlas de manera saludable, evitar desencadenantes emocionales para mantener un estado de calma y equilibrio en momentos de mayor intensidad emocional.

Algunas actividades que se pueden realizar durante el duelo: Platicar con un amigo, pasar tiempo con familiares, dormir bien, hacer ejercicio, alimentarse bien, unirse a un grupo de apoyo, pasar tiempo al aire libre, hacer cosas del agrado, meditación, yoga, aromaterapia, musicoterapia, respiración consciente.

<u>*4.11 Técnicas del coaching tanatológico*</u>

Las técnicas más comunes utilizadas en el acompañamiento de Coaching Tanatológico son:

a) <u>Escucha activa y empatía.</u> Esta técnica es quizás una de la más importante, donde se requiere que el Coach posea habilidad extrema en escuchar activamente, ya que implica prestar atención integral plena a las palabras, corporalidad, emociones y necesidades del doliente, manifestando comprensión y empatía hacia la experiencia del duelo de la persona. Esta técnica proporciona un espacio de confidencialidad para que la persona en duelo exprese ampliamente lo que siente, como lo siente, dónde lo siente y comparta su historia en total libertad, sin juicios ni interpretaciones de parte del Coach.

b) <u>*Preguntas poderosas.*</u> El uso de preguntas es una técnica clave en el Coaching Tanatológico. Estas preguntas están diseñadas para estimular la reflexión y la introspección, ayudando al doliente a explorar sus emociones, creencias y perspectivas sobre la pérdida. Las preguntas realizadas por el coach se convierten en "poderosas" cuando la persona en duelo se "da cuenta", o sea, se hace consciente de algo que no había observado con antelación, esto se llama: crear consciencia. El resultado de este nuevo observador del doliente le proporciona nuevos significados, identifica recursos internos y establece acciones y metas de crecimiento y sanación.

Es importante que en este punto se cambie la pregunta generalizada del duelo del ¿por qué? con el ¿para qué? ese pequeño cambio le proporciona una visión más amplia al doliente para encontrar la respuesta a los hechos acontecidos.

Estas preguntas desafiantes y reflexivas invitan a la reflexión profunda, la autoexploración y la generación de nuevas perspectivas. A través de preguntas como "¿Qué significado tiene esta pérdida para ti?" o "¿Qué recursos internos te han ayudado en el pasado?", el coach tanatológico guía a la persona en duelo hacia una mayor comprensión y claridad de los pensamientos y creencias.

c) *Metáforas* y reencuadre.

El uso de metáforas y el reencuadre son técnicas que facilitan el proceso de duelo y transformación. Las metáforas, pueden ayudar a entender, el "para qué" de la pérdida y encontrar nuevos significados a través de la comparación con elementos simbólicos y encontrar nuevos aprendizajes en medio del dolor.

El reencuadre acerca al doliente a observar la experiencia desde diferentes perspectivas y elegir la que le sea más útil en ese momento transcendental.

d) *Ejercicios de expresión emocional.* El coaching tanatológico también se centra en la exploración de las emociones asociadas al duelo. Las herramientas de exploración emocional ayudan a las personas a identificar y comprender sus emociones en profundidad, permitiéndoles procesar y expresar de manera saludable lo que están experimentando. La gestión de las emociones ayudan a las personas a expresar y gestionar emociones en profundidad de manera saludable, permitiéndoles procesar y expresar de manera saludable lo que están experimentando. Esto puede incluir técnicas como la escritura terapéutica, el arte expresivo, de respiración meditación o la visualización guiada que le permitan explorar y liberar emociones reprimidas. El coach brinda un espacio ético y sensible de acompañamiento para que la persona en duelo se sienta segura al compartir y procesar sus sentimientos.

e) Estrategias de Autocuidado

El autocuidado es esencial en el proceso de duelo, y el coach tanatológico guía a la persona en duelo en el desarrollo de estrategias de cuidado personal. Estas pueden incluir prácticas de relajación, ejercicios físicos, alimentación saludable, descanso adecuado y búsqueda de actividades que brinden placer y bienestar. El coach ayuda a la persona en duelo a identificar y priorizar el autocuidado como parte integral de su proceso de sanación.

g) Fomento de la Resiliencia

La resiliencia es clave en el proceso de duelo. El coaching tanatológico utiliza herramientas para fomentar la resiliencia, ayudando a las personas a desarrollar recursos internos y habilidades de afrontamiento. Esto puede involucrar técnicas de reencuadre, identificación de fortalezas personales y narración de historias de resiliencia para inspirar y motivar a los individuos en su proceso de recuperación.

h) Gestión del Cambio y la Transición

El duelo implica un proceso de cambio y transición hacia una nueva realidad sin la presencia física de la persona fallecida. El coach tanatológico ayuda a la persona en duelo a comprender y abrazar este proceso, a identificar los desafíos y oportunidades que surgen durante la transición y a desarrollar estrategias para adaptarse a los cambios en su vida. El coach proporciona apoyo en la construcción de una nueva identidad y en la exploración e integración de recursos internos para descubrir la capacidad de afrontar y superar los desafíos que surgen a raíz de la pérdida a través del empoderamiento y le ayuda a encontrar la fuerza necesaria para avanzar en el proceso de duelo y crecimiento personal.

i) Exploración de Valores y Propósito

El coaching tanatológico ayuda a las personas en duelo a explorar sus valores y encontrar un nuevo sentido de propósito en la vida. A través de ejercicios y reflexiones, el coach ayuda a la persona en duelo a identificar qué es realmente importante para ella y cómo puede vivir en alineación con sus valores, incluso después de la pérdida. Esta exploración ayuda a construir una base sólida para el proceso de sanación y el establecimiento de nuevas metas y proyectos significativos.

j) Resignificación de Valores y Metas

Una herramienta fundamental en el coaching tanatológico es la resignificación de valores y metas. Ayudar a las personas en duelo a identificar sus valores centrales y establecer metas significativas les proporciona un marco para orientar su proceso de recuperación y reconstrucción de una vida plena. Esta herramienta permite a los individuos establecer prioridades y tomar decisiones alineadas con lo que es más importante para ellos.

k) Reestructuración de Creencias Limitantes

En el proceso de duelo, pueden surgir creencias limitantes que obstaculizan el avance hacia la sanación y el crecimiento. El coaching tanatológico utiliza herramientas de reestructuración de creencias para ayudar a las personas a desafiar y cambiar las creencias negativas o limitantes que pueden estar impidiendo su progreso. Esto implica cuestionar y examinar de manera consciente las creencias existentes y reemplazarlas por pensamientos constructivos y empoderados.

l) Establecimiento de Rituales y Ceremonias

Los rituales y ceremonias desempeñan un papel importante en el duelo. El coaching tanatológico ofrece herramientas para ayudar a las personas a crear rituales y ceremonias significativas que honren a sus seres queridos fallecidos y les brinden un espacio para la conexión emocional y la despedida. Estos rituales pueden adaptarse a los valores y las preferencias individuales. Se pueden incluir actividades como la escritura de cartas, la creación de altares conmemorativos o la realización de ceremonias de liberación simbólica.

m) *Construcción de Redes de Apoyo*

El coaching tanatológico fomenta la construcción de redes de apoyo sólidas y significativas durante el proceso de duelo El coach ayuda a la persona en duelo a identificar y acceder a recursos comunitarios, grupos de apoyo o profesionales de la salud mental que pueden brindar apoyo adicional. Esto puede implicar identificar y fortalecer las relaciones existentes, buscar grupos de apoyo o conectarse con grupos comunitarios que brinden apoyo emocional y práctico.

También se guía a la persona en duelo en la comunicación efectiva con familiares y amigos, para que puedan comprender y satisfacer sus necesidades emocionales y prácticas durante este tiempo desafiante.

n) Exploración de la Identidad Renovada

Después de una pérdida significativa, las personas pueden experimentar cambios en su identidad y sentido de sí mismas. El coaching tanatológico ofrece herramientas para explorar y redefinir la identidad renovada, ayudando a los individuos a descubrir quiénes son ahora y qué es importante para ellos en esta nueva etapa de sus vidas.

El doliente descubre la importancia de vivir en el presente con las nuevas experiencias del duelo.

o) Planificación de acciones y metas.

El coaching tanatológico se centra en la acción y el movimiento hacia adelante. El coach ayuda a la persona en duelo a establecer metas realistas y alcanzables. También a diseñar un plan de acción con pasos concretos que abarque las metas, necesidades y deseos de presente y futuro.

Este plan de acción actúa como una guía práctica que les permite avanzar de manera proactiva, mantenerse enfocada, comprometida y motivada hacia la construcción de una vida significativa y saludable después del duelo.

Las metas serán en corto tiempo con compromisos que le ayuden a avanzar hacia una nueva etapa y manera de vivir. El coach proporciona apoyo y rendición de cuentas durante el camino, celebrando los logros y ajustando el plan según sea necesario.

p) *Enfoque holístico.* El Coaching Tanatológico puede tener un enfoque holístico y personalizado, para que el doliente se conecte con su espiritualidad, su yo interior, atendiendo a sus necesidades individuales, creencias y religión, si la tuviera. Esto implica reconocer la interconexión entre los aspectos físicos, emocionales, mentales y espirituales del individuo, y brindar un apoyo integral que aborde estas dimensiones sin juicios ni interpretaciones.

A través de esta herramienta como la práctica de la atención plena, el movimiento consciente, la conexión con la naturaleza y la exploración de la espiritualidad, se busca integrar y armonizar estos aspectos de la experiencia humana.

Lo anterior, ayuda a conectar el cuerpo con las emociones, a comprender la relación entre sus pensamientos y su bienestar emocional, y a explorar dimensiones espirituales que puedan brindarle consuelo y significado. Esta integración promueve una experiencia más completa y enriquecedora del proceso de duelo.

q) Meditación y Mindfulness: La práctica de la meditación y el mindfulness ayuda a las personas en duelo a estar presentes en el momento actual y a observar sus pensamientos y emociones sin juzgarlos. Esto le permite desarrollar una mayor conciencia de sus emociones y responder a ellas de manera consciente y equilibrada.

A través de la exploración de las necesidades, las creencias, los valores y las metas, la persona en duelo puede descubrir nuevas perspectivas y posibilidades en su vida después de la pérdida para enfrentar los desafíos del duelo y reconstruir un nuevo camino de vida significativa y paz interior.

CAPÍTULO 5

El duelo en la familia

"El eco de la ausencia"

5.1 La muerte de una madre o un padre.

Muchas veces la muerte llega por sorpresa, algunas otras se recibe aviso por medio de enfermedades, aunque esos mensajes no se comprendan o no sean percibidos con exactitud. Esto sucede porque no queremos hablar de la muerte, no se desea verla cerca, la persona se resguarda en el pensamiento inconsciente de la eternidad. Aunque en el fondo se intuye y se sabe que no es así.

Todos los seres vivos mueren, y se sabe que en algún momento será real. Se sabe con certeza, pero no se expresa y se evita pensar en la muerte de los demás y el propio fallecimiento.

En muchas sociedades o familias la muerte es un tabú porque le antecede el dolor y el sufrimiento. En general, las personas prefieren no saber cómo ni cuándo sucederá y sobre viene de sorpresa.

Se dice que ser madre o padre conlleva la responsabilidad de guiar y formar al hijo de la mejor forma posible para que sea un buen ser humano y ciudadano responsable ante la sociedad y para la comunidad y es cierto. Sin embargo, pocas veces o nunca se habla con ellos de la finitud.

Cuando nace un hijo, es el momento culminante de una mujer y también para el hombre, aunque de diferente manera. Es la felicidad más completa que se puede experimentar ante el nacimiento de un ser humano que cobra vida desde que es un embrión dentro del ser de una madre, depende totalmente de ella, de sus cuidados y de su amor.

La madre empieza a pensar por dos, se alimenta por dos, se cansa por dos, duerme por dos, todo cambia, tanto corporalmente como espiritualmente. Después de algunos meses, durante el embarazo, la madre comienza a sentir los movimientos del nuevo ser humano en gestación, conversa con ese nuevo ser que todavía no conoce, las expectativas aumentan, sueña con ese bebé, ya es de ella. Empieza esa conexión especial entre madre e hijo. El único miedo en ese momento es que el hijo tenga alguna malformación o que haya algún problema en el alumbramiento.

Ser madre significa tener una conexión especial con un nuevo ser, desde el primer momento a través del cordón umbilical. Implica un nuevo rol en la vida, cambia el cuerpo, los pensamientos, el espíritu, los sentimientos y la rueda de la vida gira alrededor de ese nuevo ser.

Sin embargo, la felicidad en la espera, no se compara al momento en que nace esa personita. En ese momento, se olvidan todas las molestias ocasionadas por nueve meses y los miedos, solo se observa lo que se ha creado a través del amor, se revisan todos los aspectos físicos que causaban los miedos, hasta que se corrobora que el nuevo ser está completo, cuenta sus deditos y observa todo, la madre quiere encontrarse, verse, en ese nuevo ser vivo.

Ahí nace la nueva etapa de la vida, más no el primer momento ya que la conexión se da a través del condón umbilical.

En el nacimiento, todo es fiesta, todo se ilumina con alegría y emoción, nace la conciencia de la gran responsabilidad que se ha adquirido. Quizás llegue el temor ante las necesidades de ese nuevo ser. Se desconoce la manera en que se va a hacer, pero algo se tiene claro, se realizará de la mejor manera que sea posible.

Con el nacimiento, comienza la grandeza de la vida, con las experiencias y creencias que se han adquirido a través de los diferentes sistemas evolutivos, educativos, familiares y sociales.

Casi nunca se piensa en el momento de nacimiento que también inicia el de la muerte. Comienza el reloj biológico a funcionar. No se sabe cuando se va a detener y es mejor no pensar en eso. Se entra al túnel de la inconsciencia.

Esta inconsciencia sólo termina si hay algún problema biológico con el nuevo ser. De lo contrario, se sigue en inconsciencia de ese reloj biológico y de la vulnerabilidad de la vida.

La madre y el padre tienen un nuevo rol en la vida y en ese momento no se piensa en la muerte o en la ausencia de ese nuevo ser, muy en el interior conoce que algún día esa criatura viva hoy, morirá de alguna forma, en el interior se piensa: "primero la muerte será la mía, porque soy más vieja y es la ley de la vida".

Sin embargo, se sabe que la muerte no tiene edad, sexo, raza, cultura, sociedad, tiempo, espacio, Solo sucede y algunas veces es cuando menos se espera y de la forma que nunca imaginas. El camino hacia la trascendencia de una persona principia en el momento mismo del nacimiento.

Algunas veces, surgen sentimientos contradictorios, de un lado, la alegría, la sorpresa y entonces se empieza a pensar que es un ser indefenso y depende cien por ciento de de la persona adulta y del entorno. Nace una nueva responsabilidad. Todo influye en lo que se hace y no hace, lo que se diga y no se diga, todo en absoluto, cuenta en el futuro de esa personita.

Sin ser y estar consciente, existe transferencia de ideas, creencias, modo de vida empieza desde el primer momento se envían mensajes que serán muy importantes en un futuro para el niño. Todo de acuerdo con la propia experiencia de vida que los padres tienen y que a su vez fue transmitido por sus antecesores y que guardan en el subconsciente.

Mucho se ha dicho que no existe una escuela para padres, la paternidad y maternidad se ejerce desde el rol personal conforme a lo que se ha recibido por generaciones creando así la idiosincrasia.

No cabe la menor duda que todo lo que se hace es con un inmenso amor hacia ese nuevo ser que estuvo dentro del vientre por nueve meses y se esperó con mucho anhelo e ilusión, desde la primera vez que llegó a este mundo y mucho antes de que naciera recibió el amor más grande que jamás se imaginó. Amor incondicional, en la imaginación, en los deseos y sentimientos.

Mientras se está pendiente de todas las necesidades, físicas, biológicas, psicológicas y también emocionales, del nuevo ser, transcurre el tiempo sin tener conciencia de la vida. Es igual de día y de noche. Las hojas del calendario van cayendo una a una. Se es inconsciente del tiempo.

Debido a la cultura es difícil hablar de la muerte con todas las personas, especialmente con los hijos, por falta de conciencia de la vida y la muerte. Algunas personas opinan que se debe hablar de la muerte y otras opinan que no y que hay que ocultarles todo para que no haya dolor. Crece la indecisión y creyendo en el amor, no se habla de ella, por instinto y protección al dolor se oculta el tema. Se convierte en tabú.

Es el egoísmo de ser padre o madre que solo desea disfrutar cada momento con ese ser que está en formación, no se desea que sufra, en el interior hay una negación al transcurso de la vida, aunque se sabe que todo lo que empieza termina, todo lo que nace muere. Aplica la frase: *"padres de algodón, hijos de cristal"*.

¿Qué pasaría si como madre llega la muerte, cuando el hijo es pequeño y nunca se le ha hablado de la muerte, como un hecho normal de la vida?

¿Cómo podrá ese hijo enfrentar el dolor de sentir la ausencia de alguno de los padres o quizás de los dos?

¿Cómo entenderá el niño, que la muerte es parte de la vida, si nunca se habla al respecto?

¿Sentirá el abandono y tal vez culpa?

¿Se dejará para el último momento, cuando sea inevitable y si no se tiene la oportunidad de que haya una despedida?. Se tuvo la oportunidad y no se hizo uso de ese derecho y deber.

Si, es un derecho y un deber hacerlo, hablarles a los hijos de la muerte, de su propia finitud, dejar que tengan una despedida digna en caso de enfermedad es el grado más alto de amor a un hijo. Esconder la finitud de una madre o un padre es un acto egoísta y cobarde de un ser humano. Porque es en la despedida donde se muestra el amor y agradecimiento a la persona que trasciende y eso les trae paz y aceptación a ambas partes. Es una experiencia de vida que hará que los hijos sean más humanos comprendiendo la vulnerabilidad de la finitud.

¿Cómo se comprenderá el hecho de que el hijo pierda la vida antes de lo que piensas? ¿Sería el transcurso normal de la vida?

¿Cómo se puede enseñar a vivir en el dolor de una pérdida? Cualquiera que sea la pérdida, si no se está preparado para ello, es difícil pero posible.

La mayoría de estas preguntas responden al miedo de tomar conciencia porque no se sabe que decir, ni cómo abordar el tema porque ha sido un tabú en el entorno familiar y social.

Las anteriores son preguntas muy importantes que valdría la pena responder ahora que es tiempo y que no se está en una crisis de ausencia. Porque eso es la muerte, una crisis de ausencia que trae mucho dolor y sufrimiento.

Hay que tomar en cuenta, que se vive en un mundo globalizado e intercultural, donde ya nada es ajeno debido a la interconexión digital y mundial, al contrario, es familiar, casi rutinario.

Después de haber sobrevivido a una pandemia mundial de COVID19, la realidad de la vulnerabilidad se hizo evidente. Se conocen personas cercanas, quizás familias que murieron debido a esa tragedia mundial. Ese hecho ha sido un desafío de vida y muerte.

A partir del COVID 19 se tiene una nueva visión más realista, se sabe que llegará la trascendencia pero no se sabe cuándo ni cómo, tampoco si habrá despedida, funeral, un adiós, esas palabras que nunca se dijeron y no se tuvo la oportunidad de decir a las personas queridas y que ahora son como una tortura latente y cruel en el alma y el pensamiento del doliente.

Se evita tocar el tema de la muerte, como si el ser humano fuera inmortal, aunque se conoce que la separación será inminente pero no se sabe con certeza cuando y como será la forma: enfermedad, accidente, muerte natural, asesinato, homicidio, etc.

Pensemos en ese hijo de nuevo por un momento. ¿Cómo se le puede evitar un dolor más grande que la propia muerte? La respuesta es sencilla ante lo irremediable: conversar con la verdad en la mano.

Así como se educa para la vida también es responsabilidad educar para la muerte. hablar con ellos en forma natural, oportuna, adecuada, ayudará a aliviar el sufrimiento porque ellos sabrán que es algo natural.

5.2 ¿Cómo se conversa con un niño acerca de la muerte de padre o madre?

Es uno de los momentos más difíciles cuando un niño piensa que uno de sus padres va a morir. También es muy difícil para los padres hablar de ello. Acompañar a un niño en la muerte de un padre o madre, es difícil pero no imposible. Se puede revisar el capítulo dos acerca de algunas ideas. Las metáforas con animalitos es una manera saludable de hacerlo.

5.3 Educar para bien morir. Es importante la relevancia de la educación en el bien morir, de la misma forma que se educa para la vida. Esto lleva consigo preparación con antelación al suceso y acompañamiento después de que haya ocurrido la muerte.

Los padres piensan en proteger al niño ante lo inevitable con la verdad acerca de la muerte. Porque muchas veces, ni siquiera se les permite ir al hospital a visitar a un padre o madre enfermo, como una manera muy egoísta de protegerlos. Pregunto yo ¿De qué se protege al niño? ¿No es mejor que ambos, padres e hijos se demuestran todo el amor que se tienen en momentos difíciles? Es un momento de vivir los valores familiares como: humanismo, solidaridad, confianza, resiliencia, compasión, respeto, cariño, honestidad, etc.

Con las acciones se intenta negar la muerte al niño porque los mismos padres no pueden o no saben cómo hacerlo, pero también porque están en negación. Sin embargo, hacerlo alivia el dolor de la persona que muere y de la que vive, es aceptación.

Los niños aprenden: de la vulnerabilidad del ser humano, se prepara para enfrentar el dolor. Se puede conversar con el niño tomando en cuenta diversos factores como son: edad, personalidad, creencias, etc. La necesidad de saber, el niño la va a manifestar a través de preguntas dependiendo de estos factores.

Ejemplo: El niño va a preguntar de acuerdo con la edad y el conocimiento previo que tenga de una enfermedad y la muerte. Un niño pequeño vive en fantasía, puede pensar que va a regresar el padre o madre ausente. Sin embargo, en un niño un poco mayor, puede hasta sentir culpa o temor, dependiendo de la manera en que se converse con él o ella o porque tenga un antecedente distorsionado de la muerte o que ha sucedido algo especial con la persona que trasciende. Las respuestas deben ser sencillas, con la misma sencillez que el niño haga la pregunta. No complicarnos con muchas explicaciones ni detalles. Al no ser tratado el duelo del niño, éste manifiesta conductas agresivas o depresión, como resultado del dolor, la ausencia y la separación. Mucho depende de la edad del niño.

Hablar con la verdad, no quiere decir que no traerá sufrimiento, que no sentirán la ausencia. Sin embargo, el niño debe saber que es un paso normal de la vida y que no es un final. La finitud es trascendencia. Sea cual sea la religión o creencia el dolor será menor cuando se está preparado para la muerte.

Algunas veces la muerte llega anunciada con una enfermedad, como una manera de despedirse, de decir lo que se desea y de cerrar ciclos. Esa oportunidad se llama bendición. Se hará la despedida de acuerdo con la religión y las creencias familiares. Algunas personas no tienen esa oportunidad y se ven en desventaja, cuando no se puede cerrar una etapa. Aprovecha el tiempo, es limitado. Dar las gracias por este regalo de despedirse del ser querido.

El niño debe saber que papá o mamá no van a volver, pero que estará presente en otras formas, en su corazón y en sus recuerdos.

Ante lo inminente, las decisiones son importantes. Es mejor decir la verdad de lo que ocurrirá. Este será un duelo anticipado, donde se otorgará la oportunidad de dejar las cosas como se desea que queden. Hacer esto, trae paz a la familia. Ahora se unirá el dolor con una misma voz y un mismo amor. ¡Oh qué afortunado! ¡No a todas las personas se les da ese beneficio!

Ignorar la muerte no conduce a ningún lugar. Hacer frente a lo inevitable es la acción más noble que se pueda tener como experiencia de vida para esas personas, tus hijos.

Con la metáfora de la naturaleza es más fácil que el niño comprenda e interiorice la experiencia. La mente del niño es sencilla de la misma manera será fácil explicarlo, como algo natural. Vida/Muerte. Una de la manera más sencilla de explicarlo es con la naturaleza, las plantas, los animales, el pajarito, la mascota que se murió, cualquier ser vivo. El amor los une en un momento trascendental y la persona que fallece, adquiere paz antes de despedirse.

Comprender el proceso del duelo es fundamental para el coaching tanatológico. Si no se sabe o no se puede tener ese momento de despedida, consultar con el coach tanatólogo ya que puede proporcionar un apoyo sensible y asertivo a las personas en duelo a medida que avanzan hacia la sanación y el crecimiento personal.

5.4 Ser hijo, padre, hermano

Ser hijo es formar parte de una familia o un hogar, sea o no descendiente directo de las personas que vivan en un domicilio, ya que en la actualidad hay diferentes clasificaciones de convivencia familiar de acuerdo a su conformación moderna por no decirlo de otra manera.

Ser hijo es también, aprender lo que las personas a su cargo, que son los padres en edad avanzada o quienes fungen como tal, te enseñan ya que esos aprendizajes y costumbres te acompañarán por un largo tiempo en tu vida y algunas ocasiones, toda tu existencia.

Así como ser padre o madre, también tienen responsabilidades, el ser hijo implica cumplir con obligaciones que describen los padres y cumplir con los oficios o tareas asignadas dependiendo de la edad, lugar, rol, costumbres que se necesitan en la familia.

Algunas veces ser hijo, no termina con la educación que se recibe en la familia sino que se va formando la personalidad con lo que se adquiere del medio ambiente, la escuela, los amigos, los vecinos y la sociedad en general. Ahora también influyen mucho las redes sociales ya que los hijos hacen uso de toda la información que fluye en medios tecnológicos. Algunas veces sana, verdadera y hasta orientativa pero otras no va de acuerdo a los cánones de los valores familiares y sociales.

Como hijo también se enfrentan las pérdidas, algunas veces humanas, como son los padres, tíos, familiares, amigos, conocidos. Pero no solo pérdidas de esta naturaleza, las más comunes en los jóvenes son aquellas que no se ven. La pérdida de la autoestima, de un trabajo, de una casa, de un coche, de una mascota, de la integridad, del amor, de la amistad, etc.

Y tú joven, ¿estás preparado para una pérdida?

¿Tú estás consciente de la pérdida de seres queridos.Tus padres, abuelos, tíos, primos, amigos, etc.?

¿Conoces cómo afrontar cualquier pérdida que llegue a tu vida?

¿Qué harás si hoy de improviso, tu vida cambia por la pérdida de alguien o de algo que es significativo en tu vida?

¿Sabes como seguir con tu vida después de la pérdida?

¿Sabes cómo gestionar el duelo de una persona?

5.5 La madre que pierde un hijo

Si, la madre que pierde un hijo es una sobreviviente ¿Cómo se entiende el hecho de que un hijo pierda la vida antes que la madre? ¿Será el transcurso natural de la vida? ¿La madre es consciente de este hecho? ¿Es antinatural?

Es la muerte y es la vida, no existen respuestas para todas las preguntas que surgen en medio del dolor y la incertidumbre.

No importa si la madre tiene un hijo o varios hijos. Es el mismo dolor, porque un hijo no sustituye a otro nunca. Cada uno de ellos estuvo en el vientre de esa madre, ella convivió con ese hijo nueve meses antes del nacimiento y después de él, estuvieron juntos todos los días y segundos de su vida. Existen expectativas, ilusiones, planes, amor.

También existen las madres que no pudieron culminar con el alumbramiento de su hijo, o aquellas que lo vieron enfermarse de niño y otras que los vieron crecer, sentir su amor, vivir sus sueños. Todas y cada una sienten ese dolor que les parte la vida y alma en dos.

Si la muerte es anunciada a través de una enfermedad o si es repentina, no tiene importancia, llega el dolor y el sufrimiento de cualquier manera.

El día de la muerte de un hijo, la vida se parte en dos para una madre.

5.6 Sobreviviendo a la muerte de un hijo. Experiencia personal.

Voy a comenzar platicando de una experiencia íntima, dolorosa e indescriptible de mi vida. Es una historia personal que te comparto, esperando ser empática contigo y puedas comprender que SI se puede salir de ese dolor profundo que es el duelo de un hijo. No es fácil pero tampoco imposible.

Nunca, ni en las peores pesadillas, imaginé que ese nuevo ser que al nacer y está en mis brazos, respira, vibra, sonríe, tiene vida, late su corazoncito, pudiera marcharse antes que yo.

Esta pérdida afectó a toda la familia, no solamente a mí y les pasa a miles de mujeres en el mundo, pero en ese momento la madre se siente única, ante el dolor, donde la vida y el alma, se parte en dos. No existen palabras para describir el rayo que penetra en lo más profundo de una madre y la herida que deja la muerte de una hija es de por vida.

Tuve cuatro hijos, todos ellos, hermosos, diferentes, sanos. Todos amados y esperados, me dieron la alegría y emoción que proporciona el dar vida. Nunca pensé que también daría muerte. La muerte me robó uno de mis tesoros más preciados. Mi hija mayor.

Fui una madre trabajadora, como muchas en este país, perdí muchos momentos del crecimiento y desarrollo de mi hija, que fueron decisivos y emotivos en mi vida y la de mi familia. Mi deseo de conseguir lo necesario para la subsistencia me hizo perder tiempo con mis hijos. Esos momentos nuncan se recuperan. Sin embargo, creo que hice lo mejor que pude con lo que tenía en ese momento, aunque yo hubiera deseado no perderme ni un momento de su alegría, en ese momento no podía hacerlo. La vida es tan corta y ellos crecen tan rápido.

Yo vivía en inconsciencia. ¿Por qué lo digo? Porque tuve muchos momentos felices que no dimensioné en su momento, no les di el valor que tenían. Viví con mi hija Adri, sus risas, alegrías, llantos, tristezas, angustias, todo a la vez, pero yo estaba ocupada con la vida, no sabía que la vida estaba ahí, en ese preciso momento y no la disfruté ni la viví en toda su magnitud. Hoy lo veo con más claridad. Soy consciente del presente. El pasado ya se fue. El futuro no existe, solo tengo el hoy para ser feliz y estar en paz.

Aunque agradezco que el último tiempo con mi hija lo disfrutamos juntas, más que en su niñez y adolescencia, nunca es suficiente.

Ella estaba casada y tenía dos hermosas hijas. Cuando terminó mi labor como proveedora de la familia, al fin podríamos ser y hacer lo que siempre quisimos. Pasar el mayor tiempo posible juntas. Ella era la mayor, la líder de sus hermanos, mi gran compañera, amiga, confidente, algo más que una hija. Nos profesamos un gran amor. Yo me sentía completa a su lado, curiosamente me sentía protegida por ella. Me recargue demasiado inconscientemente en ese cariño. Ahora lo sé y creo que le dí una carga que no merecía.

Aunque mi madre también perdió un hijo a la edad de 24 años, mi hermano mayor, yo nunca dimensioné su dolor. Tal vez, mi madre era muy fuerte, con resiliencia, o la sostuvieron los ocho hijos que quedamos. No sé como lo hizo y tampoco le puedo preguntar porque ya falleció.

Yo pasaba largas temporadas en la casa de mi hija ya que no vivíamos cerca y yo no trabajaba, ni tampoco ella. Eso me daba la oportunidad de desplazarme hasta donde ella vivía. Momentos maravillosos e inolvidables con ella y mis nietas. Algunas veces ellas me visitaban también en vacaciones. Íbamos al mar, de compras, cualquier cosa era un motivo de felicidad. ¿Y saben qué? No me daba cuenta de lo mucho que yo tenía que era un gran tesoro para vivir esos momentos. Solo era feliz inconsciente.

Yo hablaba con mi hija Adri de mi muerte, como quería ser incinerada, que no quería dolor ni ser intubada, pero hablaba de mí. Eso significaba que estaba preparando mi muerte, aunque siempre me callaba. Nunca pensé en la muerte de ella. Cuando los niños están pequeños y pasan por enfermedades si llegué a pensarlo y hasta a vivirlo, pero en ese presente todo estaba bien. Yo tenía la vida casi perfecta. Solo disfrutaba y yo no mostraba agradecimiento por esos momentos maravillosos. Ahora son recuerdos, hermosos y melancólicos recuerdos.

Pasamos el último año nuevo juntas, felices, me dijo ella que deseaba pasarla en un tour por el Lago de Valle de Bravo y así lo hicimos. Ella bailaba feliz y aunque ese día yo estuve enferma de una gripe muy fuerte, disfruté viéndola con su familia (esposo e hijas) muy contenta. Después regresé a mi hogar y una semana después, me llama y me dice que se cayó en su casa, que está internada en un sanatorio por un golpe fuerte que se dió en la cabeza al caer y que el médico dice que necesita operarse de la cabeza. En un momento de incredulidad, e incertidumbre, tomé el primer vuelo de regreso que encontré al lugar donde vivía. Después de verla, hablar con los médicos y con su esposo, yo quería tomar otras opiniones que me permitieran sentir la esperanza de vida para ella. Aunque el médico decía que no era peligrosa la cirugía más que la anestesia. Como ella estaba consciente, le dije que era la única que podía decidir si se operaba o no. Al final, ella y su esposo decidieron que, si se operaba con ese cirujano neurólogo, sin tener nosotros ningún antecedente de su pericia o su profesionalismo y no buscaríamos otra alternativa. Cuando la persona tiene un seguro médico de gastos mayores hay la duda, si el médico es ético o no lo es, ya que el costo de la cirugía era alto.

Me tocó respetar la voluntad de mi hija, no deseaba que ella estuviera angustiada con mis miedos y ante la cobardía mía de no estar preparada para los peligros de una cirugía, ella nunca había estado enferma ni hospitalizada con anterioridad, quizás no le dí la importancia aunque sí lo intuía como posibilidad me despedí de ella, le di un beso en la frente y le dije en voz baja, inaudible, "aquí te espero, te quiero mucho", mi voz se quebró y la vi partir en la camilla del sanatorio, rumbo a la sala de quirófanos. Cuando ya no me miró me fui a un rincón a solas a llorar, mi único refugio. La angustia que yo sentía era indescriptible, de ahí se vinieron una serie de acontecimientos frustrantes que desembocaron en doce días en terapia intensiva inconsciente sin tener permiso del médico de tocarla ni de hablarle, para no "inquietar", queriendo decirle mil cosas, preguntarle otras tantas. decirle que la amaba más que a mi vida. Después de dos cirugías cerebrales complejas, riesgosas, en una misma noche, yo estaba siempre con la esperanza de verla despertar de ese letargo, yo quería encontrar la luz que me haría ayudarla en el proceso de su enfermedad porque nunca te resignas a ver morir a un hijo. Nunca.

No comprendí lo que sucedía, no tomé acción porque en el fondo no lo acepté. Mi hija nunca más volvió a estar consciente para despedirme de ella, para preguntarle, sus pendientes, sus deseos. Al pasar de los días en terapia intensiva, yo iba construyendo mi propia realidad. Deseaba y pedía al universo, a Dios, a ese ser supremo, que no se la llevara, la quería con vida, no importaba las condiciones en que ella quedara de salud, yo la cuidaría, día y noche. Cuando fui consciente de que al paso de los días ella no despertaba, y que mi egoísmo de querer que viviera aún a toda costa, no era saludable para ella, tuve el valor de hablar con ese SER supremo y le dije: "tú me la diste, yo te la entrego, pero no la hagas sufrir más", Doce horas después de esta entrega, mi hija falleció.

Un golpe mortal, mi corazón quedó partido en dos, vino el shock, el caos en mi vida y mis emociones se dispararon, porque nunca estuve preparada para ello. Algunas veces decía yo me podía morir cualquier día, mi vida ya está en declive por ser de edad avanzada, con algunas enfermedades y cirugías, para mí era lo normal, trascender yo. Sin embargo, nunca imaginé la muerte de ella, yo dí a luz a los diecinueve años, muy joven, ella aparte de ser mi hija, era mi gran compañera de vida. Mi hija estuvo presente en todo momento, cuando estaba triste, en mis enfermedades y yo también estuve en la de ella cuando el tiempo me lo permitió.

Así pues, todo se derrumbó en mí, no fui consciente de mis otros hijos, mi dolor era tan grande y mi enojo era tal que culpé a todo el mundo a Dios, a los médicos, mi yerno, yo misma, por no tener el valor de despedirme cuando ella iba en esa camilla hacia su fin, sin saberlo. Solo no quería que ella viera mi preocupación, sabía que la cirugía era mayor y tenía riesgos, como todo en la vida. Fui cobarde para hablar del tema con ella. Y así se fue. Yo mordiéndome los labios y girando para que no viera mis ojos llenos de lágrimas, me fui a llorar al rincón del pasillo mientras la camilla avanzaba en sentido contrario.

En mi cabeza solo había una frase que me decía mi hija cada que ella sentía que yo necesitaba: "Tú nunca estarás sola". Y yo lo creía. Ella hacía que esto fuera verdad. Así, que también me enojé con ella por no cumplir su palabra. Estaba en orfandad de mi hija,

En mi ignorancia sobre Tanatología, yo no comprendí que era su momento, que ella había terminado su misión en la vida y que mi misión era ahora honrar su vida, su legado. En mi torpe cobardía, ni siquiera le pregunté: ¿Qué quieres que haga si te pasa algo? No pude hablar de su muerte con ella. Eso me duele más profundamente cada vez que la recuerdo. Debió sentirse muy sola, desamparada y por ignorancia, nosotras no supimos hablar de la muerte.

Estuve en la sala de terapia intensiva todos los días, ella estaba inconsciente y el médico nos dijo que no le habláramos porque la alteramos, así que tampoco ahí pude hablarle. El momento en que se iba en camilla yo perdía mi oportunidad de decirle "adiós".

En el egoísmo de mi sufrimiento solo deseaba volver a verla despierta. Nunca sucedió. Al final, tuve una luz de congruencia ya que el médico expresaba temor a que si despertaba, no sabíamos las condiciones neurológicas en que quedaría y la calidad de vida que tendría, como he dicho, no me importaba yo me haría cargo de todo.

Sin embargo, creo que una madre presiente, comienzas a perder la esperanza.

Un día, el médico me llama a medianoche y me dice que se complicó todo. No necesitó decir más. Yo comprendí lo que pasaba, era el final. Minutos después volvió a salir para darnos la noticia a mi yerno y a mí. Pensé "creo que alguien me escuchó y mi hija trascendió". Finalmente mi hija había fallecido.

Ese es un momento en que mi alma se rompió en mil pedazos, no sabía qué hacer, si llorar, gritar, correr, la impotencia de saber que hacer se apoderó de mí hasta que me senté en el piso a llorar.

Nunca voy a olvidar el abrazo y el grito de mi hija menor cuando llegó al hospital y sabía que su hermana mayor no estaba en este mundo, por la diferencia de edades era como su segunda madre. Empezó a llegar gente al hospital y le dije: "vámonos ya no hay nada que hacer aquí". Salimos del hospital abrazadas. Con el alma hecha pedazos.

Después todo fue como estar y no estar, no me percaté quien estaba y quién no. Había mucha gente que no conocía. Era un desfile de muchas personas diciéndome lo maravillosa que era ella. Y yo... solo lloraba, me quería ir con ella, no sabía qué más hacer. Era un momento desolador. La incineraron, regresó a su casa en una cajita. Sus hijas huérfanas me partían el alma. A eso se redujo ese gran amor y yo me sentía perdida.

No fui consciente que mis otros hijos también sufrían y me necesitaban, no pude estar para mis hijos vivos, en su dolor. No supe unir nuestro dolor con la muerte de mi hija Yo nunca estuve preparada para eso. Hay algo que ahora observo, yo respeté sus deseos en el último momento, no intervine. Creo que ella decidió. Solo me hubiera gustado hablar con ella respecto a su propia muerte, darle paz diciéndole que sus hijas estarían bien, que yo la amaba profundamente y estaría en mi corazón por siempre. Ahora me doy cuenta que la seguridad emocional para la persona enferma, en incertidumbre de su futuro, es muy valiosa.

Después de la muerte de ella, les pedí a mis hijos me llevarán al tianguis al que íbamos ella y yo, desayunábamos y así lo hicimos. Creo que la estaba buscando en ese lugar y en ese tiempo donde éramos felices. Regresé a casa y comenzó mi duelo. Nada me importaba, caí en depresión profunda, comía todo lo que me encontraba, dormía, lloraba todo el tiempo, no me levantaba de mi cama solo viendo la televisión y nada me interesaba. Me abandoné a la tristeza y al dolor.

Les suena conocido este panorama. Ese es el duelo no aceptado, brusco y profundo. El dolor de una madre que despide a una hija es algo que no deberíamos de pasar las madres.

Así es el duelo... una tristeza enorme, miedo a seguir sin el ser querido, estaba asustada de sentirme sola, sintiéndome culpable cuando mis hijos me decían: "aquí estoy" con todo su amor. Pero ellos no comprenden que no era lo mismo, a mí me habían arrancado parte de mi alma, la muerte me robó un tesoro y yo como doliente, me creí única en el mundo. Todo me parecía injusto, sentía tristeza por mis nietas que habían quedado huérfanas. ¿Qué harían ellas sin su madre? Mi hija vivió dedicada a sus hijas, ama de casa de veinticuatro horas, olvidándose hasta de ella misma. Mis preguntas constantes eran ¿Por qué? ¿Por qué? '¿Por qué a nosotras?

Era una tristeza tan profunda como nunca había sufrido. Me daban ataques de llanto, ataques de pánico. Me decían estás en depresión, necesitas medicamento y me medicaron para sobrevivir. Me daba lo mismo.

En esa enorme tristeza, empecé a ver películas, leer libros de duelos. escuchar podcast todo lo que hablará de la muerte, no me resignaba a quedarme así, paralizada. Mi vida se detuvo por un año o más. Porque también perdí a mis nietas, yo me sentía muy unida a ellas y en mi dolor e ira, dije cosas que no debí haber dicho, no lo sé, también perdí a mis dos nietas, no las volví a ver ni hablar con ellas. Mi yerno las alejó de mí y fue para mí duelo sobre duelo. Ahora sé, que no somos dueños de nada ni de nadie. Más que de uno mismo. La muerte de una persona cambia toda la dinámica familiar, más aún cuando es la madre la que fallece ya que ella de alguna manera es el motor de la familia,

Tuve un accidente a los cinco meses del fallecimiento de mi hija, mi automóvil fue pérdida total, a mí no me pasó nada. '¿Estuvo| ella ahí? No sé. Lo que sí sé es que en esos momentos no puedes hacer nada que ponga en riesgo tu vida. No hagas nada hasta que tus emociones estén en equilibrio.

Me enteré de que una persona tanatóloga estaba dando unas terapias grupales en una Iglesia y fui. Cuando llegué a la primera sesión, no pude hablar, ni presentarme, solo lloraba. Ya cuando el taller de duelo terminó, yo pude hablar de mi duelo en presencia del grupo, yo lloraba, pero al menos podía expresar mi dolor. Recuerdo que hubo pequeñas mesas de diálogo con otras personas que también habían tenido pérdidas de divorcio, de muerte del esposo, de su mascota, yo las escuchaba y decía para mí: "estas personas no saben del verdadero dolor". Me creía única e incomprendida en mi sufrimiento.

La terapia grupal me ayudó pero estaba lejos de la aceptación de mi duelo.

La tristeza se instaló en mí por meses, semanas, días, luego por ratos, por horas y después por menos tiempo, de todas formas, nunca encontraba respuesta a mis ¿por qué?

Soy profesora y he creído que la educación es parte de la vida, en mis lecturas sobre la muerte, me encontré con el coaching ontológico y empecé a estudiar, porque hablaba de encontrarme conmigo misma.

Un día me di cuenta de que nunca iba a encontrar las respuestas que buscaba y que tal vez esas respuestas estaban dentro de mí, no afuera donde yo las buscaba. Seguía llorando, pero ya no tan seguido, pero seguía buscando respuestas.

Creo que el principio de mi recuperación fue cuando pude darme cuenta de que la tristeza me llevaba a mi mundo interno y que ahí ya no buscaba los ¿por qué?, ahora buscaba los ¿para qué? plantee mi vida, la muerte, las circunstancias, las opciones que tenía para seguir adelante.

El coaching ontológico me acercó a: mi yo interior, valores, creencias, emociones, sentimientos, la realidad, las opciones que tenía ante un hecho inevitable. Estaré agradecida por esta experiencia que me hizo cambiar mi pregunta del ¿por qué? en ¿para qué?.

Había transcurrido un año.

Comencé en mi soledad a investigar acerca de la Tanatología. La tristeza me llevó adentro, a mi mundo interior. Ahí encontré las respuestas que necesitaba para soltar y dejar ir a mi hija. Me percaté de que había otras personas que me necesitaban.

¿Por qué digo esto? No quiero que se confundan, no es que yo la olvide, pero al preguntarme ¿Para qué me pasó esto a mí? Creo que fue para que yo creciera espiritualmente, ella nunca me abandonaría como yo pensaba, toda mi vida estará conmigo y ahora me acompaña en mi corazón a donde voy. La veo en una planta, en un perrito, en un pájaro.

Me recuperé sintiendo que ella estará siempre conmigo, aunque no sé lo que hay más allá pienso que tal vez algún día me encuentre con ella, pero de algo si estoy segura, ella está mejor que nosotros los que nos quedamos aquí en la tierra.

Después vino la pandemia y pensé por eso pasó, a ella no le hubiera gustado estar aquí con esa angustia, pensando que yo por ser mayor me iba a enfermar o sus hijas o cualquiera de las personas que amaba.

Ahora la pregunta es: ¿Para qué pasó esto? La respuesta no es sencilla, pero está en cada uno de nosotros encontrarla. Esas respuestas están en tu interior. Solo tú puedes encontrar tus respuestas de acuerdo a tus experiencias, creencias, valores, etc.

5.6.1 Aprendizajes después de la muerte de un hijo.

"El sendero de la despedida"

Cuando no se encuentra la salida y solo se ve el fondo del océano y las preguntas a los ¿Por qué? no se tienen respuestas, entonces, es hora de cambiar las preguntas: ¿para qué? ¿Qué aprendizaje me deja esta experiencia?.

En éstas preguntas se encuentran las respuestas para seguir viviendo con dignidad y calidad de vida.

En mi experiencia fue para:

1.Para que yo me diera cuenta de mi fortaleza espiritual.

2. Para ser agradecida por el tiempo que compartimos.

3. Para corroborar lo que ella me decía: "Eres una guerrera", luchadora de la vida.

4. Para que me dé cuenta de que no es posible morirnos con nuestros muertos.

5. Para escribir este libro que tanto me pidió que hiciera, aunque no era este tema en ese momento. Ella deseaba que terminara el libro de mi vida.

6. Para valorar cada momento de la vida.

7. Para hablar y prepararme acerca de la muerte propia y ajena.

8. Para ayudar a las personas que tienen un duelo.

9. Para aprender a hablar de amor, de vida, de muerte sin que se tenga miedo.

10. Para honrar su vida, su muerte y su legado.

11. Para que me diera cuenta de que todos tenemos un rol en la vida y como en el teatro, cuando la obra termina el telón cae.

12. Para saber que la vida es muy corta y que hay que aprender a disfrutar cada minuto.

13. Para vivir mejor y morir plenamente, en paz de haber vivido sabiamente.

14. Para agradecer los momentos felices.

15. Para que creciera espiritualmente.

Porque en la vida todo está permitido, menos quedarse inmóvil. El cuerpo muere, pero el alma persiste y mientras no los olvidemos, nuestros muertos no mueren, solo pasan a otro lugar. Viven en nuestro corazón.

5.6.2 ¿Cuál es la mejor forma de salir del duelo por la muerte de un hijo?

Aceptando que la muerte es natural se tendrá un duelo sano, y que mientras se viva, amemos intensamente, vivamos correctamente y nunca nos vayamos sin decir: "te quiero".

Mi aprendizaje de este dolor que llegó a ser sufrimiento es la comprensión de que todos tenemos derecho a una vida y una muerte digna, en paz aún con el dolor que persiste por la ausencia. Esta manera de observar la muerte y la vida es un acto de amor incondicional,

El mismo amor incondicional que proporciona una madre desde la gestación, donde das todo sin esperar nada a cambio.

No hay una receta como tal, lo que sí te puedo decir que es un dolor muy grande que no olvidarás, que no pasará solo lo aceptarás, que la muerte es inesperada pero segura, pero que aunque ahora veas todo oscuro, verás la luz de nuevo y qué hay manera de seguir adelante, que la vida te ha puesto un reto. Ese desafío se llama: VIDA.

Dejar el desapego para dejar volar al ser querido hasta el infinito, que no sabemos a ciencia cierta dónde es otro acto de amor que ofrendamos porque no sabemos a donde vayamos ni que hay más allá. Tal vez la única luz que en ese momento YO visualicé es que tal vez, solo tal vez, algún día me encontraré con ella en las estrellas.

He de decir que he tenido otros duelos: mi padre, mi madre, la muerte de tres hermanos, un sobrino, una amiga. Todos muy queridos y fallecimientos muy tristes, pero las pérdidas no son iguales, son diferentes y he de decir que la más dolorosa es la de mi hija

Adriana, mi amiga Alicia y la de mi hermana Mary, más que hermana amiga también.

Mary era mi hermana también muy querida por mí. Estábamos muy unidas, hablábamos por teléfono diariamente, también fue un fallecimiento sorpresivo, similar al de mi hija y hubiera también sido muy doloroso si yo no hubiera tenido el conocimiento que tengo ahora. Me dolió profundamente su muerte, pero a diferencia de la muerte de mi hija, puedo gestionar mis emociones y aunque hace apenas seis meses del fallecimiento de ella, ahora lo asumo con dignidad ya que tuve el valor despedirla en su dolor y mi dolor, como ella se merecía, le dije adiós, le di paz en su agonía. Aunque hay momentos de melancolía los gestiono con alguna herramienta de las que aprendí y bendigo a mis seres queridos que trascendieron.

Algunas veces pienso que si no hubiera conocido el Coaching Ontológico y la Tanatología, no estuviera escribiendo sobre mis duelos.

Una de las razones que tengo para escribir y compartir mis experiencias es honrar las vidas de mi hija, mi hermana y mi madre. Espero coadyuvar en tu duelo a ti que me lees.

5.7 Relaciones y apoyo Familiar y Social

Las relaciones juegan un papel vital en el proceso de duelo, ya que proporcionan un entorno de apoyo en el que se puede expresar las emociones y compartir experiencias. Al hablar abierta y sinceramente sobre los sentimientos, el doliente se siente comprendido y validado en el dolor. Las relaciones cercanas significativas brindan un lugar seguro para recordar a los seres queridos fallecidos, compartir anécdotas y mantener viva la memoria de la persona ausente. Es importante identificar a las "personas clave" en la vida del. doliente para que el apoyo emocional sea positivo. Estas pueden ser familiares, amigos cercanos, compañeros de duelo u otros individuos que han pasado por experiencias similares.

Una persona "clave" es aquella en la que se confía plenamente, da valor a tu dolor y sentimientos, te escucha sin juzgar, empatiza con tus creencias, te deja SER, no te aconseja, con esa persona se van tus miedos, temores y vienen los deseos de vivir.

El coach tanatológico fomenta la comunicación abierta y el establecimiento de vínculos significativos para crear un entorno de apoyo sólido, reconocer cuando la persona necesita espacio y tiempo para comunicar las necesidades de manera clara y respetuosa, establecer límites saludables, nuevas conexiones que proporcionan a la persona en duelo el apoyo que se necesita sin sentirse abrumado o invadido.

5.8 Comunicación y Expresión de las Necesidades

La comunicación efectiva desempeña un papel fundamental en las relaciones durante el duelo. Expresar las necesidades, emociones y pensamientos de manera clara, abierta y honesta, favorece para recibir el apoyo adecuado y así establecer expectativas claras con respecto a los deseos y necesidades del doliente.

Las relaciones cercanas y el apoyo emocional brindan consuelo, comprensión y fuerza para enfrentar el duelo de manera saludable. En el coaching tanatológico, se trabaja en el cultivo de relaciones saludables, la comunicación efectiva y el establecimiento de límites adecuados.

5.9 Actividades prácticas para el duelo

a) Comprensión de lo ocurrido. Comprensión del "para qué".

b) Identificar y comprender las emociones. Escribir todas las emociones diariamente y confrontarlas.

c) Confirmar el concepto de muerte. Escribirlo, confirmarlo, validarlo, cambiarlo de ser necesario.

d) Avanzar en la comprensión cognitiva y afectiva. Organizar las experiencias. Elaborar un diario de cada experiencia.

e) Aprender a vivir sin el ser querido. Replantear las funciones de la persona ausente. Qué tengo o no tengo, que puedo o no puedo. Inventario.

f) Resumir actividades y metas de desarrollo. ¿Qué cambios necesitas hacer en tu vida para una nueva realidad?

También es importante la integración emocional de la familia (vínculo familiar). Comunicación asertiva y expresión afectiva.

El amor familiar es un blindaje para transitar un duelo saludable.

<u>*CAPÍTULO 6*</u>

<u>*Autoconocimiento y Exploración emocional*</u>

<u>*"Ama como puedas, ama a quien puedas, ama todo lo que puedas..." Amado Nervo*</u>

El autoconocimiento es un viaje de autodescubrimiento que implica explorar las fortalezas, debilidades, valores, creencias, pasiones, habilidades y motivaciones. En el contexto del coaching tanatológico, el autoconocimiento es esencial para que las personas en duelo puedan comprender cómo la pérdida ha impactado significativamente la identidad, el autoconcepto y cómo desean reconstruirse. A través de diversas herramientas y técnicas, el coach tanatológicos puede guiar a las personas en duelo en un proceso de autodescubrimiento profundo, que le permita comprender cómo la pérdida ha influido en su sentido de sí mismos y cómo desean reconstruirse.

El autoconocimiento puede abordarse a través de actividades como la reflexión personal, la escritura introspectiva, las técnicas de visualización y la exploración de valores y creencias fundamentales. Estas herramientas ayudan a las personas en duelo a explorar sus motivaciones, desafiar creencias limitantes y descubrir nuevas perspectivas sobre sí mismas y su relación con la pérdida.

El proceso de autoconocimiento permite a los individuos en duelo reconstruir su identidad y establecer una base sólida para el crecimiento personal.

Cuando una persona nace, respira, llora, ahí tiene la primera pérdida, la separación de la madre. El recién nacido se ve forzado a respirar por él mismo y ser autosuficiente como primera necesidad de vida: respirar. La separación del bebé de la madre es el primer dolor que se tiene y es ahí donde comienzan las pérdidas y también es el primer minuto en que se comienza a vivir y a morir.

Sin embargo, no se tiene conciencia de que ahí empieza la muerte, porque se sabe cuando nace, pero no cuando se muere. No se tiene conocimiento si el bebé es saludable, si viene con alguna patología genética o pueda adquirir alguna enfermedad rara en el transcurso de su niñez, adolescencia o adultez. Solo se observa lo que se quiere o se puede a primera vista.

La vida será una gran aventura y también una expectativa que se sortea día a día, porque nadie puede asegurar que mañana se estará en este mundo de la misma manera que hoy lo estamos. Lo único que se tiene seguro es el cambio. La vida es una rueda que gira y gira. La persona está en continuo cambio.

Todos los días el ser humano se va transformando, físicamente, mentalmente, emocionalmente. Se adquieren nuevas facultades, se aprende de manera consciente e inconsciente de acuerdo con algunos sistemas: crono, macro, micro y meso.

Todo esto hace un conglomerado de situaciones que impiden al individuo ver la realidad y los aleja de la esencia de la persona que es, no lo que cree ser, lo que se desea y la ruta que lleva la vida de la persona. Muchas veces, sin un plan mental, simplemente existe la inconsciencia.

Es relevante la importancia del autoconocimiento y la exploración emocional en el proceso de coaching tanatológico, para ayudar a las personas en duelo a comprender y gestionar sus emociones de manera saludable, y a cultivar mayor conciencia de sí mismas y de su experiencia interna en el duelo.

La vida tiene dramas. La vida no es un drama. El drama surge en la manera en que se observan los hechos, la realidad y la manera en que se interpreta esa realidad.

Drama es lo que se hace con la vida cuando no se agradece lo que SI se tiene pero no es evidente. No se valora lo que se tiene, por ende, no se perciben los beneficios que tiene el vivir bien, con bienestar.

El ser humano es cognitivo y emocional. De ahí la importancia de trabajar la conciencia personal para conocer lo que se quiere en la vida, el camino al que se dirige, reconocer las creencias limitantes, la energía y espiritualidad que se tiene. La meta no es llegar a donde se quiere, sino disfrutar el camino para llegar a ella.

La única manera de transformar el dolor es con compromiso de desear una vida significativa, con el autoconocimiento profundo haciendo preguntas al YO interior. ¿Quién soy? ¿ Hacia dónde voy? ¿Qué quiero de mi vida? ¿Cuál es mi conversación? conmigo mismo, con los demás.

Se observan las experiencias (duelo) de acuerdo al observador y lo que el pensamiento dice según las creencias. Muchas veces no es la realidad, es lo que se piensa, se dice o se interpreta.

El duelo se manifiesta con mayor fuerza cuando se desea cambiar los hechos, no hay coherencia entre lo que se piensa , se dice y se hace. Cuando la persona no tiene control para cambiar los hechos y se desea modificarlos si no se puede nace la angustia y la ansiedad.

En el duelo es importante llegar a la coherencia ontológica como una armonía entre lenguaje, cuerpo, emoción, energía y espiritualidad. De manera que la interacción de estos elementos hagan una sincronía en todos los aspectos de la persona.

En el duelo los paradigmas, los condicionantes, la actitud, controlan los resultados. Estos son componentes importantes en el desarrollo de la aceptación del duelo.

Es necesario hacer compromisos con una declaración de lo que se va a hacer para salir del duelo de manera responsable y aceptar lo inevitable. La finitud de la vida. La declaración deberá hacerse en virtud de la comprensión inherente a la pérdida.

Parte fundamental para autoconocerse es la exploración de creencias y pensamientos asociados al duelo. Conocer cuales son las limitantes y cuáles de ellas son empoderantes. Esto se logra haciendo un encuadre cognitivo y emocional, con el propósito de identificar y transformar patrones de pensamiento negativos que impiden aceptar el duelo.

Estas creencias pueden incluir ideas como "no puedo seguir adelante sin esa persona" o "no merezco ser feliz después de la pérdida", estos son pensamientos limitantes.

6.1 Conexión con el Propósito y el Significado

En el proceso de duelo, puede surgir la necesidad de encontrar un nuevo sentido de propósito y significado en la vida. El coaching tanatológico utiliza herramientas para explorar y conectar con el propósito y el significado personal, ayudando a las personas a descubrir cómo la pérdida puede influir en su camino y en la manera en que desean vivir su vida. Esto puede implicar la identificación de valores fundamentales, la definición de metas alineadas con el propósito y la búsqueda de actividades y proyectos que brinden un sentido renovado de significado.

6.2 Promoviendo el Autodescubrimiento y el Crecimiento Personal

El duelo puede ser un catalizador para el autodescubrimiento y el crecimiento personal. En el coaching tanatológico, se ofrecen herramientas para fomentar el autodescubrimiento y el crecimiento a través de actividades como la exploración de la identidad renovada y la búsqueda de oportunidades de aprendizaje y desarrollo. Estas herramientas permiten a las personas en duelo transformar su experiencia en una oportunidad para crecer, evolucionar y encontrar un nuevo propósito en la vida.

6.3 Integración de los Aprendizajes y Avance Personal

Finalmente, el coaching tanatológico proporciona herramientas para la integración de los aprendizajes y el avance personal. A medida que las personas avanzan en su proceso de duelo, es importante reflexionar sobre las lecciones aprendidas, celebrar los logros alcanzados y establecer nuevas metas para el futuro.

Esta herramienta de integración permite a las personas cerrar etapas, celebrar su crecimiento y avanzar hacia una vida más plena y significativa después de la pérdida.

a)*Habilidades sociales*. Implica tener habilidades de comunicación efectiva, escucha activa y resolución de conflictos. Las personas con inteligencia emocional tienen la capacidad de construir relaciones saludables y positivas con el entorno que rodea al doliente.

b) Automotivación. Es la capacidad de motivarse y perseverar a pesar de los desafíos. Las personas con inteligencia emocional tienen metas claras, son resistentes y tienen una actitud positiva hacia el logro. Esta motivación es intrínseca. Nace de la consciencia de ser cada día mejor persona, aún con el dolor de la pérdida.

c) Reconocimiento y manejo de las emociones de los demás. La inteligencia emocional no solo se trata de las propias emociones, sino también de reconocer y comprender las emociones de los demás. Esto nos permite establecer relaciones más profundas y ser más efectivos en las interacciones con los demás.

<u>*d) Toma de decisiones consciente.*</u> **La inteligencia emocional ayuda a tomar decisiones basadas en una combinación de razón y emoción. Se consideran las emociones propias, así como las emociones de los demás se busca un equilibrio entre ambos en el proceso de toma de decisiones. Se define una decisión con claridad de la responsabilidad y las consecuencias de las acciones que se toman.**

"El amor es la emoción fundamental que hace posible nuestra evolución como seres humanos". Humberto Maturana.

CAPÍTULO 7

Hacia una cultura de la resignificación de la muerte.

"Si tienes un eco en tu vida, llénalo de amor" Amado Nervo.

Empezar a vivir de nuevo después de un duelo

Cuando se ha sentido el dolor de una pérdida importante en la vida, tienes dos opciones:

a) Tener el valor de existir, de vivir y seguir adelante con la vida. La manera de hacerlo determinará la calidad de vida del doliente.

b) Quedarse en el vacío. En el limbo, sin pensar ni actuar. Solo sobreviviendo.

Son dos opciones que definen el cambio de paradigma: * Quedarse paralizado, lamiendo las heridas, siendo víctima de las circunstancias o teniendo la resiliencia para observar lo positivo de la nueva situación de vida.

*Aprender de la pérdida, transitar el duelo, aceptar las circunstancias y elaborar una revisión de tu vida con un nuevo significado.

Para llegar a la aceptación se necesita evaluar lo siguiente:

a) Identificación de Creencias Limitantes

Las creencias son las ideas y conceptos arraigados que se tienen acerca de si mismo, los demás y el mundo que le rodea. En el contexto del duelo, las creencias pueden influir en cómo se interpreta la pérdida y en cómo se relacionan las personas con las emociones y el proceso de duelo en sí.

El primer paso para trabajar con las creencias es identificar aquellas que son limitantes o negativas en relación con la pérdida. Estas creencias pueden incluir ideas autocríticas, culparse a uno mismo por la pérdida, sentir que no se tiene derecho a experimentar emociones negativas o creer que nunca se superará el dolor.

En el coaching tanatológico, se alienta a las personas en duelo a identificar y examinar las creencias limitantes y a cuestionar su validez. Mediante preguntas reflexivas el coach acompaña a la persona en duelo a examinar cómo estas creencias pueden ser negativas, autocríticas o restrictivas, y pueden obstaculizar el progreso en el proceso de duelo. Al explorar y cuestionar estas creencias, se puede desafiar su veracidad y trabajar en reemplazarlas por creencias positivas, realistas y fortalecedoras.

b) Reestructuración de Creencias

Una vez identificadas las creencias limitantes, el siguiente paso es estructurarlas y transformarlas en creencias positivas y capacitadoras. Esto puede incluir la búsqueda de ejemplos y experiencias que contradicen las creencias limitantes. Cambiando el paradigma y propiciando el desarrollo de afirmaciones positivas y constructivas que ayuden a reemplazar las creencias negativas.

El coaching tanatológico proporciona herramientas y técnicas para desafiar las creencias limitantes para transformar la situación presente del doliente en un proceso reflexivo, propiciar la toma de conciencia de las emociones y sus significados a través de la exploración de evidencias y experiencias contrarias, se pueden cuestionar las creencias limitantes y abrir espacios para creencias más positivas y realistas con un enfoque constructivo de esperanza y resiliencia.

c) Creación de Significados Personales

El proceso de duelo nos invita a reflexionar sobre el significado de la pérdida y a buscar un sentido más profundo de la experiencia. El coaching tanatológico facilita la exploración y la creación de significados personales, ayudando a las personas en duelo a encontrar un propósito renovado y un sentido intrínseco de la persona con relación a la experiencia de la pérdida.

Esos significados se pueden encontrar en las lecciones aprendidas valiosas, cultivando la gratitud para desarrollar mayor sentido de conexión con los demás o alinear la pérdida con los valores y propósitos personales así como honrar la memoria de la persona fallecida.

d) Integración y Transformación

La integración y transformación son aspectos esenciales del proceso de duelo. La exploración de creencias y significados en el coaching tanatológico no se trata solo de cambiar las perspectivas, sino también de integrar y transformar la experiencia de pérdida en la vida del doliente. La integración implica encontrar un equilibrio integral entre honrar y recordar a la persona fallecida y seguir adelante con la propia vida.

Integrar la pérdida en la historia de vida y de la identidad de manera saludable y significativa, sin que sea abrumadora. Esto puede incluir la creación de rituales conmemorativos, la participación en actividades de servicio a los demás en honor a la persona fallecida, o el establecimiento de metas y proyectos inspirados en el legado del ser querido.

La transformación implica el cambio y el crecimiento personal que ocurre a través del proceso de duelo integrando la experiencia y el dolor a la nueva vida con significado y amor hacia los demás valorando cada minuto del resto de la existencia y abrazando la incertidumbre.

Con la aceptación de la realidad, la integración y la autorregulación emocional se aprende a vivir sin juzgarse a sí mismo.

e) Enfrentar los Desafíos y Superar las Barreras

En el proceso de duelo, existen diversos desafíos y barreras que pueden obstaculizar el camino hacia la sanación.

Algunos de estos desafíos pueden incluir el dolor emocional intenso, la sensación de pérdida de control, la confusión, desesperanza, sensación de vacío y el sentimiento de desorientación en la vida. Es importante reconocer y validar estos desafíos para abordarlos de manera decisiva y empática.

Los síntomas del dolor emocional se manifiestan de diferentes formas, como llanto frecuente, dolor de cabeza, dificultad para concentrarse o problemas para dormir, etc.

A través de técnicas de reestructuración cognitiva y exploración de significados se fomenta la mentalidad positiva mediante el establecimiento de metas alcanzables, la creación de estrategias de afrontamiento y el desarrollo de un sistema de apoyo, el coaching tanatológico ayuda a superar las barreras y avanzar hacia una vida significativa y satisfactoria después de la pérdida.

f) *Reconstrucción de la Identidad*

La pérdida de un ser querido puede tener un impacto significativo en la identidad y sentido personal. El duelo enfrenta a las personas con preguntas profundas sobre quién son y cómo se ve el doliente en el mundo después de la pérdida.

Es necesario encontrar el sentido individual con una identidad renovada después de la pérdida a través de la autoexploración y autenticidad, considerando la relación con el mundo, los roles y las metas.

La pérdida puede generar preguntas como "¿Quién soy sin esa persona en mi vida?" y "¿Cómo me veo a mí mismo ahora?"

Este proceso es una oportunidad para alinear la identidad con los valores más profundos para vivir una vida auténtica y significativa.

g)*Aceptación y Adaptación*

La reconstrucción de la identidad implica un proceso de aceptación y adaptación a los cambios que la pérdida ha traído a la vida del doliente. Es un proceso gradual y personalizado en el que se aprende a integrar la pérdida en la narrativa personal y a encontrar un nuevo equilibrio en la vida.

Durante el proceso de reconstrucción se fomenta la autocompasión y la paciencia con el doliente. Ayudar a las personas en duelo a encontrar un nuevo equilibrio y descubrir cómo se puede vivir una vida significativa y satisfactoria a pesar de la pérdida.

Aceptar significa desafiar la autocrítica o juicio negativo, elegir el camino positivo y adaptarse a las nuevas circunstancias de la realidad de manera proactiva generando paz en el doliente.

h) *Superando los Obstáculos*

En el camino del duelo, se encuentran obstáculos que parecen difíciles de superar. Estos obstáculos pueden incluir el miedo al futuro, la culpa, el resentimiento o la dificultad para establecer nuevas relaciones. Es fundamental abordar estos obstáculos desde el reconocimiento para avanzar en el proceso de reconstrucción de la vida.

i) La Sensación de Pérdida de Control

Durante el duelo, es común sentir pérdida de control sobre la vida. La sensación de que la vida ha sido alterada de manera irreversible puede generar una sensación de impotencia y desorientación. Además, las decisiones que antes eran compartidas con la persona fallecida ahora recaen completamente en el doliente, lo que puede resultar abrumador.

Es importante acompañar al doliente para recuperar un sentido de dirección y propósito en la vida.

Los roles y las dinámicas familiares pueden cambiar, y los individuos pueden experimentar una pérdida de identidad o un sentido de desconexión con su propósito y significado en el mundo.

Otro obstáculo después de la pérdida de un ser querido, son las dificultades para establecer nuevas relaciones. Se puede experimentar resistencia en la comunicación y dificultades para confiar en los demás.

CAPÍTULO 8

Cierre y Finalización

"La vida es sueño, hazlo realidad" María Teresa de Calcuta

a) Reflexionando sobre el Proceso de Duelo

Antes de llegar al cierre, es fundamental tomarse un tiempo para reflexionar sobre el proceso de duelo. En el coaching tanatológico, se alienta a las personas a revisar y reconocer los avances, los desafíos superados y el crecimiento personal experimentado a lo largo del camino. Se anima a reflexionar sobre las lecciones aprendidas, las fortalezas descubiertas y los nuevos significados encontrados en la vida después de la pérdida.

a) Celebrando los Logros y los Avances

Se fomenta la celebración de los hitos alcanzados, ya sean pequeños o grandes, y se reconoce el progreso realizado en el proceso de sanación y crecimiento personal.

"La vida después de la pérdida puede parecer un desafío interminable, pero cada paso hacia adelante es un logro que merece ser celebrado. Reconoce tu fuerza y perseverancia en el camino de la sanación." - Autor Desconocido

b) Identificando los Recursos y las Herramientas para el futuro.

A medida que se acerca el cierre, es esencial identificar los recursos y las herramientas que se han adquirido durante el proceso de duelo que servirán en el futuro, reconocer las fortalezas, habilidades y estrategias de afrontamiento desarrolladas a lo largo del camino.

c) Despidiéndose y Abriendo Espacio para lo Nuevo

El cierre implica despedirse de la pérdida y abrir espacios para nuevas posibilidades y experiencias en la vida. Esto puede implicar realizar rituales de despedida personalizados, escribir una carta, visitar un lugar significativo o participar en una ceremonia simbólica.

"Despedirse no significa olvidar, sino aprender a llevar el amor y los recuerdos al corazón mientras abre espacio para nuevas experiencias y crecimiento personal." - Autor Desconocido

d) Planificando el Futuro y Estableciendo Metas

El cierre también implica planificar el futuro y establecer metas para el próximo capítulo de la vida.

"El duelo nos enseña que la vida es frágil y preciosa. Aprovecha cada día como una oportunidad para honrar a quienes se han perdido y vivir en alineación con nuestros valores y sueños." Autor Desconocido

Al cerrar el proceso de duelo de manera saludable, se puede avanzar hacia una vida significativa, llena de propósito y enriquecedora. ¡Aprovecha las herramientas y los aprendizajes obtenidos y construye un futuro que honre al ser querido y al mismo doliente!

SEGUNDA PARTE

"Viaje a la Eternidad"

Nuevos comienzos

CAPÍTULO 1

Espiritualidad después del duelo

"Que el cierre de este proceso sea el comienzo de un nuevo capítulo, lleno de esperanza, amor y oportunidades para crecer y florecer." Autor Desconocido

Este texto sobre espiritualidad es para comprender esa esfera de la vida que pocas veces se observa. En este paso del proceso de duelo es indispensable para llevar a cabo la resignificación de la vida.

La espiritualidad no es una religión, es una manera de vivir y facultad del ser humano. El ser humano es biopsicosocial y también espiritual.

El ser humano es: lenguaje, cuerpo, emoción, energía y espiritualidad. Se debe comprender e interrelacionar estas cinco esferas humanas con el propósito de autoconocerse.

La espiritualidad requiere de dos dimensiones trascendentales:

a) Dimensión pensante: Cerebro.

b) Dimensión corporal: Biológico.

Encontrar la espiritualidad significa analizar el autoconcepto, las creencias, los valores y resignificar el sentido de vida.

Se construye la realidad y se le da importancia al espíritu. Para hacerlo, se afronta la pérdida como un trabajo interior profundo para apropiarse desde ese lugar interno de la espiritualidad.

La existencia es para vivirla apropiándose de las bondades espirituales que germinan en el interior con el aprendizaje del duelo. Puede ser que ya se tengan, que solo sea despertarlas, motivarlas, disfrutar el sentido que tienen ya que es primordial para la resignificación de vida. Cuando se llega a este momento, aflora la sensibilidad y se encuentra el sentido interno de vida tras la pérdida.

Cuando se descubre el por qué de la vida se renueva el pensar y sentir de la pérdida, la espiritualidad crece. Analizar lo que se siente ante la pérdida, honrar la memoria de lo que se perdió, es una forma de revivir e interpretar las circunstancias para disfrutar de la existencia con más amor hacia sí mismo y a los demás con benevolencia hacia todo lo que sucede en el entorno.

En tiempos de pérdida y duelo, puede ser reconfortante encontrar consuelo y fortaleza en una dimensión espiritual. La espiritualidad invita a conectarse con algo más grande que la misma persona y a encontrar un sentido profundo de las experiencias, del dolor y la pérdida.

En los momentos de mayor oscuridad, cuando la tristeza y el dolor se ciernen en la persona como un manto pesado, es en la espiritualidad donde se encuentra la fuerza y la serenidad para aceptar la partida de la persona amada.

En este viaje espiritual, la persona se sumerge en las profundidades del ser, donde la conexión con lo divino reside. Se abre una conexión interior con sabiduría ancestral que recuerda que la vida es un ciclo interminable de nacimiento y muerte y el amor que se comparte trasciende las barreras de la existencia terrenal.

En este espacio sagrado, se honra al ser querido, se recuerda con gratitud por los momentos preciosos que compartieron. Se reconoce que el espíritu de la persona amada perdura más allá de los confines de este mundo material y que su energía amorosa le rodea y lo guía en el camino de sanación y aceptación.

En la verdad espiritual el duelo es un proceso necesario y sagrado. Se permite sentir tristeza y un vacío por la partida del ser amado en el corazón y al mismo tiempo se abraza la esperanza, sabiendo que el amor que se siente por esa persona nunca desaparecerá y que su presencia perdurará en el alma para siempre.

En esta dimensión espiritual, se encuentra consuelo en la creencia de que los seres queridos han encontrado paz y descanso en un lugar más allá del alcance físico. Se confía en que la persona fallecida está rodeada de amor incondicional y que su espíritu vive en la eternidad.

En la búsqueda de la aceptación, se busca una guía divina como apoyo. A ella se entrega el flujo de la vida y se permite que las emociones fluyan libremente, pensando que cada lágrima derramada es una ofrenda sagrada al proceso de sanación.

A medida que se avanza en el camino espiritual de aceptación, se encuentra la paz interior y la resignación serena que no es otra cosa que la aceptación. Observando la resignación no como un sacrificio o castigo sino resignificar la vida y muerte de la persona fallecida que se convierte en serenidad. Se liberan las cadenas de sufrimiento y se abraza la verdad de la finitud y aunque exista la separación corporal, se estará conectado a través del amor eterno.

En esta aceptación se encuentra el coraje, la paz y la fortaleza para vivir plenamente la vida y honrar el legado del ser querido. Surge el compromiso de llevar su amor y su enseñanza al corazón, compartiendo su luz en el mundo y el doliente se convierte en un reflejo del amor eterno que comparten.

Iniciar un viaje espiritual de duelo es no olvidarse de aquellas personas que cruzaron el camino con el doliente, la partida de ese ser querido ha traído crecimiento espiritual y transformación para encontrar un nuevo significado de la vida y la finitud propia.

Espero que en estas letras el lector encuentre el camino espiritual de la aceptación, el consuelo, la fortaleza y la serenidad del duelo, con esa conexión divina y el amor eterno que trasciende el velo de la eternidad para abrazar la paz de su corazón.

Transiciones y nuevos comienzos

A medida que se avanza en este viaje del duelo, es natural enfrentar diversas transiciones y momentos de cambio en la vida. Estos cambios pueden incluir desde ajustarse a la ausencia del ser querido hasta encontrar un nuevo sentido de vida con propósito y construir el verdadero significado de la existencia en la tierra.

Estas transiciones se pueden abordar de manera consciente y aprovechar los nuevos comienzos como oportunidades para el crecimiento y la transformación.

A través de la atención consciente a las transiciones, la aceptación de la vulnerabilidad, la búsqueda de nuevos sentidos con propósito y la disposición a aprovechar los nuevos comienzos como oportunidades de crecimiento, se puede abrazar la vida después del duelo con valentía y determinación. Recordar que cada transición y nuevo comienzo es único para cada individuo, y el coaching tanatológico está aquí para acompañar al doliente en el camino de transformación y renovación.

¡Explora, descubre y abraza los nuevos horizontes que esperan después del duelo! Es tiempo de VIVIR en plenitud.

Reconociendo las Transiciones en el Proceso de Duelo.

Las transiciones son momentos de inflexión en el proceso de duelo. Cada etapa del duelo presenta sus propias transiciones, desde el shock inicial hasta la aceptación y la reintegración de nuestra vida cotidiana. El coaching tanatológico nos ayuda a reconocer y comprender estas transiciones como procesos naturales y necesarios en el camino de sanación.

Como se mencionó al principio del libro, el duelo no es un camino recto, es necesario aceptar la transición hacia una nueva vida significativa. Esto es, darse permiso de sentir, expresar, valorar, en una palabra: SER consciente de la finitud de la vida.

Es importante recordar que las transiciones pueden ser desafiantes y desestabilizadoras. Es normal experimentar una variedad de emociones durante estas etapas, como confusión, miedo y resistencia al cambio.

Abrazando la incertidumbre y la vulnerabilidad

Las transiciones pueden llevar consigo una sensación de incertidumbre y vulnerabilidad. A medida que se avanza a lo desconocido dejando las viejas creencias, es importante aprender a abrazar estos sentimientos y a aceptar que forman parte integral del proceso de crecimiento y cambio. El coaching tanatológico ayuda a desarrollar la resiliencia emocional y la capacidad de enfrentar la incertidumbre con valentía, lo cual permite abrazar nuevas oportunidades y experiencias en la vida después del duelo.

A través de la comprensión y la aceptación de la vulnerabilidad, se desarrolla mayor resiliencia emocional y capacidad para adaptarse a las nuevas circunstancias. En lugar de resistir la incertidumbre, el coaching tanatológico es una guía para explorar las creencias y supuestos limitantes, permitiéndo abrirse a nuevas perspectivas y posibilidades. Al abrazar la incertidumbre, se abren nuevas experiencias enriquecedoras y descubrimientos personales que pueden transformar el camino de duelo.

Descubriendo nuevos sentidos de propósito y significado.

En el proceso de duelo, es el momento de replantear el sentido, propósito y significado en la vida. El coaching tanatológico acompaña a explorar los valores, pasiones y fortalezas para descubrir nuevos sentidos de vida que inspiren y motiven para un nueva manera de vivir. A través de preguntas poderosas y ejercicios reflexivos, se puede replantear nuevas metas con base en los talentos, fortalezas y deseos que permita vivir al doliente una vida plena, honrando para dejar un legado vivo, tanto al ser querido y a la propia persona en duelo, aún en medio del dolor.

Los nuevos comienzos son momentos clave para el crecimiento personal.

Al abrazar los cambios y las oportunidades que se presentan después del duelo, es oportunidad de experimentar un crecimiento profundo y transformador.

Durante esta etapa, es importante cultivar una mentalidad de crecimiento y aprendizaje estableciendo metas realistas, desafiando los propios límites y abrirse a nuevas posibilidades. A través del apoyo y la guía del coach, se puede desarrollar la confianza en sí mismo y la resiliencia necesaria para superar los obstáculos y seguir adelante con determinación.

A través de la atención consciente a las transiciones, la aceptación de la vulnerabilidad, la búsqueda de nuevos sentidos de propósito y la disposición a aprovechar los nuevos comienzos como oportunidades de crecimiento, se puede abrazar la vida después del duelo con valentía y determinación. Recordar que cada transición y nuevo comienzo es único para cada individuo, y el coaching tanatológico está aquí para acompañar en el camino de transformación y renovación de la persona en duelo. ¡Explora, descubre y abraza con los nuevos horizontes que esperan en la vida después del duelo, es un RENACIMIENTO.!

CAPÍTULO II

<u>Encontrar el propósito y el significado de la vida después del duelo.</u>

"En cada nuevo comienzo, hay una oportunidad de encontrar la belleza en lo inesperado y la fuerza en la adversidad. Permítete florecer en tu viaje de transiciones y nuevos comienzos." Autor Desconocido

Encontrar el propósito y el significado en el proceso de coaching tanatológico es descubrir que la vida no termina, solo el cuerpo físico de la persona amada y reconocer que la finitud es una verdad y se acepta conscientemente.

Después de atravesar por el duelo y las transiciones, es natural buscar un sentido renovado de propósito y significado en la vida. Es un desafío y una oportunidad de crecimiento personal profundo y transformador que busca de manera consciente observar la oportunidad de vivir con una nueva visión del valor de la vida.

Reflexionar sobre la trayectoria de vida

Encontrar el propósito y el significado requiere una reflexión profunda sobre la trayectoria de vida, los talentos ocultos y las pasiones subyacentes que pueden guiar a la persona hacia el propósito y significado de vida.

Explorando el propósito en el contexto de la pérdida.

La pérdida puede haber sacudido los cimientos, donde se cuestiona todo, hasta el propósito en la vida. En este proceso de exploración, el coaching tanatológico nos acompaña a reflexionar sobre cómo la pérdida ha afectado la percepción del propósito y cómo se puede encontrar un nuevo sentido con dirección y significado. A través de conversaciones significativas, ejercicios de reflexión, se puede descubrir cómo la experiencia del duelo puede ser una fuente de inspiración y motivación para vivir una vida más auténtica y significativa.

Descubriendo valores y creencias

Los valores y creencias fundamentales son la base del propósito y significado en la vida. Es importante explorar y clarificar los valores más profundos individuales, aquellos principios que se consideran esenciales y que dan forma a las decisiones y acciones. Alinearse con los valores personales proporciona la brújula interna que guía hacia un sentido auténtico de propósito y significado.

Identificando las pasiones, talentos, valores y prioridades.

Los valores, las prioridades, las pasiones y talentos son fundamentales para definir el propósito, la vocación, el significado y sentido de una vida con propósito.

Al conocer intensamente quien es, que quiere, hacia dónde va la persona, se pueden alinear las acciones y decisiones que son más importantes y le dan un sentido de dirección y propósito de vida a la persona.

Explorar cómo la experiencia de duelo ha afectado los valores y prioridades puede revelar nuevas perspectivas y caminos hacia el propósito. A través de la autoexploración y la experimentación, se puede descubrir cómo utilizar los talentos y pasiones para servir a los demás y encontrar un sentido de significado y contribución en el mundo.

El Propósito como servicio a los demás.

Encontrar el propósito y el significado en la vida también está vinculado a encontrar la manera de servir a los demás, mirar más allá de la misma persona y a considerar las habilidades, experiencias y dones que se tienen y pueden ser de impacto positivo en la vida de los demás. Al buscar formas de servir y contribuir, se encuentra un sentido significativo en las acciones diarias.

Siguiendo las llamadas del corazón.

Encontrar el propósito y el significado a menudo implica escuchar las llamadas del corazón y seguir las más nobles pasiones. Al identificar las actividades y los proyectos apasionantes, se puede encontrar un camino hacia el propósito y el significado. Desarrollar planes de acción concretos para perseguir las pasiones y convertirlas en una parte integral de la vida cotidiana significativa y gratificante.

<u>*La trascendencia a través del servicio y la contribución.*</u>

Encontrar el propósito y significado a menudo está intrínsecamente vinculado al servicio y la contribución a los demás, se pueden utilizar las habilidades, los conocimientos y experiencias para marcar una diferencia en la vida de los demás. Al buscar oportunidades de servicio y contribución, se descubre un sentido profundo con significado en la nueva vida después del duelo. El acto de ayudar a otros también puede ser una fuente de sanación y crecimiento personal.

<u>*La evolución del propósito a lo largo del tiempo.*</u>

Es importante recordar que el propósito y el significado no son estáticos, sino que evolucionan a lo largo de la vida. Estar abiertos a nuevas experiencias, aprendizajes y perspectivas que puedan cambiar la percepción del propósito es fundamental. A medida que se crece y se desarrolla, es posible que el propósito también se transforme y necesita de la adaptación a estos cambios, ajustar y redefinir el propósito a medida que se avanza en el proceso de duelo.

CAPÍTULO III

Una vida con significado

"Celebrando la vida"

Después de enfrentar el duelo y la pérdida, es crucial recordar que la vida sigue y merece ser celebrada. A través de diversas prácticas y enfoques, se puede aprender a apreciar cada momento, encontrar la alegría y el significado en la existencia, y reconstruirse con una perspectiva renovada.

Redescubriendo la Alegría

El duelo puede permear una profunda tristeza y hacer que se pierda la alegría de vivir.

A través de ejercicios de gratitud, mindfulness y la práctica de actividades que proporcionen felicidad, se puede comenzar a reconectar con la belleza y las pequeñas alegrías cotidianas. Apreciar los momentos simples, como un amanecer, una conversación inspiradora o el abrazo de un ser querido, ayuda a encontrar la alegría en la vida nuevamente.

Honrando a los seres queridos.

Celebrar la vida también implica honrar y recordar a aquellos que ya no están físicamente en este mundo. Existen maneras de mantener vivo el legado y el recuerdo del fallecido . Desde la creación de rituales y conmemoraciones significativas hasta la participación en actividades en su honor, que reflejen los valores, la bondad y pasiones del fallecido en donde se puede encontrar consuelo y conexión a través de la celebración de la vida de los seres queridos. Estas prácticas permiten sentir la presencia y mantener un vínculo con el ser fallecido, al mismo tiempo que se celebra y honra la vida de quien se adelantó en el camino de la eternidad.

Viviendo con Intención y Propósito

La vida está llena de momentos preciosos que a menudo se pasan por alto en medio de las ocupaciones y preocupaciones. Es importante aprender a apreciar cada momento y a vivir plenamente en el PRESENTE. La práctica del mindfulness y la atención plena permite estar presente en el aquí y ahora cultivando mayor conciencia de los pequeños detalles y experiencias que enriquecen la vida de la persona.

Al saborear una taza de café caliente con plena consciencia, se observa la maravilla y la belleza de la naturaleza o si se disfruta de una conversación significativa con alguien querido. Estos momentos recuerdan la belleza y la magia de la vida, como un regalo.

Aprender a detenernos, respirar y saborear cada momento permite celebrar la vida en su plenitud.

Apreciando los Momentos Preciosos

Celebrar la vida implica vivir con intención y propósito. Se pueden establecer metas significativas y alinear las acciones con los valores y pasiones.

A través de la reflexión profunda, se puede identificar lo que realmente importa con propósito y significados claros para la toma de decisiones conscientes.

Establecer metas claras y realizables brinda una dirección clara y ayuda a enfocar los esfuerzos en lo que verdaderamente importa. Al vivir de acuerdo con los valores y el propósito, se encuentra mayor satisfacción y sentido en las acciones diarias.

Fomentando Relaciones y Conexiones Significativas

El apoyo y la conexión emocional con otras personas son fundamentales en el proceso de celebración de la vida. A través de la comunicación efectiva, la empatía y el apoyo mutuo, se puede nutrir las relaciones y encontrar alegría al compartir experiencias y momentos especiales en compañía.

Se valora y aprecia a las personas que están en el entorno, fortaleciendo así la red de apoyo y creando un entorno en el que la celebración de la vida sea compartida y enriquecedora.

A través de la red descubierta de apoyo para generar alegría, honrar a los seres queridos, vivir con intención y propósito, apreciar los momentos preciosos y fomentar relaciones significativas, se puede encontrar una renovada apreciación por la vida y todo lo que tiene para ofrecer.

Encontrar la belleza en cada momento, abrazar cada día con gratitud, fomentar relaciones significativas con precisión por la vida con amor.

Celebrar la vida y abrazar su poder transformador de manera consciente en el proceso de crecimiento y sanación.

¡Cada día es una oportunidad para celebrar la maravilla y el significado de estar vivo!

EJERCICIOS DE VIDA

Algunas actividades para acompañar a un niño en duelo:

1.Fomentar la expresión emocional. Anime a los niños a expresar sus emociones de manera saludable y segura. Pueden dibujar, escribir en un diario, crear un collage o utilizar plastilina para representar sus sentimientos. Estas actividades les permiten representar, externalizar y procesar sus emociones.

2. Crear un álbum de recuerdos. Invite al niño a seleccionar fotografías, dibujos o recuerdos especiales de la persona fallecida.

3. Compartir mensajes, anécdotas y reflexionar sobre los momentos felices que vivieron juntos. Esto les ayuda a mantener viva la memoria de su ser querido.

4. Realizar rituales conmemorativos. Organice rituales conmemorativos para honrar y recordar a la persona fallecida. Pueden encender una vela, soltar globos al cielo, sembrar un árbol en su memoria o hacer una actividad significativa que le permita sentirse conectado con su ser querido.

5. Leer y compartir historias, Busque libros infantiles sobre la pérdida y el duelo que sean adecuados para la edad del niño. Leer y discutir estas historias puede ayudarles a comprender y procesar sus propios sentimientos, al tiempo que les brinda una perspectiva reconfortante.

6. Establecer un "rincón del recuerdo". Cree un espacio especial en la habitación del niño donde puedan colocar fotografías, objetos o recuerdos del ser querido fallecido. Esto les brinda un lugar tranquilo donde pueden ir a reflexionar, recordar y sentirse cerca de la persona.

7. Cultivar la comunicación abierta. Anime al niño a hablar sobre sus sentimientos y pensamientos acerca de la pérdida. Este presente para tener una escucha activa, sin juzgar y brinde consuelo, apoyo y comprensión. Hágale saber que está allí para responder a sus preguntas y brindarle seguridad emocional.

8. Fomentar la expresión emocional. Anime a los niños a expresar sus emociones de manera saludable y segura. Pueden dibujar, escribir en un diario, crear un collage o utilizar plastilina para representar sus sentimientos. 9.

9. Pueden compartir mensajes, anécdotas y reflexionar sobre los momentos felices que vivieron juntos. Esto les ayuda a mantener viva la memoria de su ser querido.

10. Siembre una planta en honor de la persona fallecida. Al cuidarla propiciará una conexión espiritual.

Recuerde adaptar estas actividades a la edad y nivel de comprensión del niño, Además es importante contar con el apoyo de profesionales especializados, como terapeutas infantiles, coaches, consejeros escolares, para ayudar al niño en su proceso de duelo.

PARA VIVIR CON PROPÓSITO

Formas prácticas para descubrir tus propósitos y resignificar la vida.

1. Reflexionar sobre los valores más importantes para la vida y cómo se puede vivir de acuerdo con ellos.

2. Elaborar una lista de las pasiones y encontrar formas de incorporarlas en la vida diaria.

3. Establecer metas que estén alineadas con el propósito y trabajar en ellas de manera gradual.

4. Buscar oportunidades para servir a los demás que hagan la diferencia para ser vividas.

5. Investigar sobre diferentes áreas de interés y descubrir cómo se puede contribuir en ellas.

6. Aprender de las experiencias pasadas y buscar lecciones y aprendizajes que ayuden a crecer.

7. Mantener una mentalidad abierta y flexible, dispuesto a adaptarse a los cambios y nuevas oportunidades.

8. Rodearse de personas inspiradoras y motivadoras que le apoyen en su camino hacia el propósito.

9. Cultiva la gratitud por las pequeñas cosas y momentos de la vida, reconociendo su importancia.

10. Mantener un diario de reflexiones y escribir pensamientos y descubrimientos sobre el propósito.

11. Probar nuevas experiencias y desafíos que permitan explorar las habilidades y descubrir nuevas pasiones.

12. Aprovechar las herramientas de autodesarrollo, como libros, cursos y talleres, para expandir las perspectiva y conocimiento.

13. Ser consciente de las fortalezas y utilizarlas para crear un impacto positivo en el mundo.

14. Encontrar momentos de silencio y tranquilidad para conectarse consigo mismo y escuchar la voz de la intuición.

15. Aceptar la posibilidad de cometer errores y verlos como oportunidades de aprendizaje y crecimiento.

16. Buscar mentores y modelos a seguir que le inspiren en el camino hacia el propósito.

17. Rodearse de un entorno que fomente el crecimiento personal y le brinde apoyo emocional.

18. Priorizar el autocuidado y el bienestar, ya que una mente y un cuerpo saludables ayudarán a vivir el propósito plenamente.

19. Celebrar los logros y avances en el camino hacia el propósito, incluso los más pequeños.

20. Mantener la paciencia y la perseverancia, ya que descubrir el propósito es un viaje continuo y evolutivo.

Recordar que cada persona es única y la búsqueda de propósito también lo es. Tomar el tiempo necesario para explorar y descubrir lo que tiene un significado real que resignifique la vida.

¡Confía en ti mismo y disfruta del viaje hacia una vida consciente con propósito!

<u>*20 Maneras de celebrar la vida después del duelo.*</u>

1. Practicar la gratitud diaria: Dedicar unos minutos cada día para agradecer las cosas buenas de tu vida y las experiencias positivas que has tenido.

2. Organizar una reunión o cena especial con amigos y seres queridos para celebrar los momentos significativos de la vida.

3. Realizar actividades al aire libre que conecten con la naturaleza, como pasear por el parque, hacer senderismo o disfrutar de un picnic.

4. Crear un álbum de recuerdos con fotografías y momentos especiales para recordar y revivir los momentos felices.

5. Hacer una lista de los logros y metas alcanzadas, y darse un reconocimiento por cada uno de ellos.

6. Aprender algo nuevo. Inscribirse en un curso o taller que sea de interés y le permita expandir los conocimientos y habilidades.

7. Realizar actos de bondad y ayuda a los demás. Colaborar con organizaciones benéficas, hacer

voluntariado o simplemente brindar una mano amiga a alguien que lo necesite.

8. Organizar un viaje o escapada para explorar nuevos lugares y vivir experiencias emocionantes.

9. Practicar la atención plena y la meditación para estar presente en el momento y disfrutar plenamente de cada instante.

10. Dedicar tiempo a cuidar el bienestar físico. Hacer ejercicio regularmente, comer alimentos saludables y descansar lo suficiente.

11. Planificar actividades que le hagan reír y disfrutar, como ver una comedia, asistir a un espectáculo de comedia en vivo o reunirte con amigos para jugar juegos divertidos.

12. Organizar un día de autocuidado, donde el centro de atención sea a ti mismo y realizar actividades que le hagan sentir bien, como tomar un baño relajante, leer un libro, hacer una caminata tranquila o disfrutar de tu hobby favorito.

13. Celebrar los cumpleaños y aniversarios de una manera especial, ya sea organizando una fiesta, planificando una salida especial o realizando una actividad del agrado.

14. Escribir una lista de sueños y metas futuras. Establecer un plan de acción para alcanzarlos y celebrar cada paso en el logro hacia su consecución.

15. Participar en eventos culturales, como exposiciones de arte, conciertos, obras de teatro o festivales locales.

16. Practicar de la creatividad. Pintar, dibujar, escribir, cantar o bailar. Expresar la creatividad y disfrutar de la liberación que esto proporciona.

17. Realizar un acto de autocuidado y mímese. Programar un masaje relajante, un día de spa o una sesión de yoga para cuidar el cuerpo y mente.

18. Hacer una lista de los momentos más felices y vivirlos a través de fotografías, videos o recuerdos compartidos con seres queridos.

19. Hacer una pausa para reflexionar sobre los valores y creencias. Evaluar si se está viviendo en coherencia con

ellos y, de ser necesario, realizar ajustes para vivir una vida más auténtica y significativa.

20. Organizar un evento solidario para recaudar fondos y ayudar a una causa de interés social. Invitar a los amigos y familiares a participar y celebrar juntos el impacto positivo que pueden generar.

Estas son solo algunas ideas para celebrar la vida de manera práctica y significativa. Recordar que cada persona es única, por lo que puedes adaptar estas sugerencias según los intereses y preferencias. Lo importante es aprovechar cada oportunidad para celebrar la vida y apreciar todo lo que ella ofrece. ¡Disfrutar y celebrar cada día!

__Preguntas básicas para la revisión de vida hacia la sobrevivencia del duelo.__

Para hacer una revisión de vida, es necesario identificar lo que se desea, lo que se tiene, lo que se piensa, lo que se dice y lo que se hace.

Las herramientas son elementales y hay que hacer uso de las que se dispone después del duelo, con una postura nueva de trascendencia hacia la oportunidad de estar consciente del SER para un cambio significativo de vida.

Aquí algunas preguntas y sugerencias con las que puedes iniciar la reconstrucción de tu vida. Se sugiere contestar por escrito, para que se puedan revisar y modificar.

1. ¿Qué, cómo, cuándo y para qué puedo transmitirles a los demás esta experiencia?

2. ¿Puedo parar el horror existencial que me ha traído el duelo? Parar es mi única alternativa.

3. Vino un cambio de vida en el diario vivir. ¿Cómo puedo tener una postura nueva ante la

adversidad?¿Cuándo daré el primer paso para el cambio?

4. Reconozco que he crecido con condicionamientos y creencias. ¿Cómo han influido en mi pensamiento de manera negativa o positiva? ¿Cuáles de esos no me aportan nada y debo cambiarlos?

5. Lo que pienso, digo y hago. ¿Están alineados al logro de la libertad personal que deseo? ¿Son coherentes?

6. Asumo la vida como una bendición y oportunidad. ¿Cuáles son las tres características con las que puedo comprobar que es así? Escríbelas.

7. ¿Qué hábitos, aprendidos sin reflexionar, son evidentes en mi diario vivir? ¿te das cuenta de ellos? ¿Los conservo? o ¿los elimino?

8. ¿Para qué estoy en esta vida ?¿Cuál es mi misión en esta vida?

9. ¿ Cuál es la misión en la vida que tengo? Escribir tres ideas acerca de esto y luego definir la que más se acerca a la realidad.

10. Con esta experiencia de ver partir a un ser querido, ¿Cómo resignificar mi vida? ¿Cuáles son los cambios que debo y tengo que hacer?

11. ¿Tengo un propósito de vida, después del duelo? ¿Cuál es?

12. ¿Qué me ha otorgado este duelo? Reflexiona y escribe: ¿Sentido de vida? ¿Qué más?

13. Tengo la facultad de cambiar las cosas. ¿Tienes un poder fáctico? ¿Qué superpoder es identificable en la persona?

14. ¿Tiene valor la vida propia y la de los demás?

15. Para empezar a hacer cambios, ¿Qué perspectivas tengo? ¿Con qué herramientas cuento?

16. Cuando siento el dolor del duelo. ¿Cuál ha sido tu primera reacción? Después ¿ha habido cambios importantes en tu sentir y manera de pensar, sentir y ver la vida?

17. Aprender del cambio y la pérdida. ¿ Reconstruirse? ¿Recuperarse? ?¿Hacer los cambios necesarios para una vida digna?.

18. ¿Cuál es la responsabilidad de existir y volver la mirada hacia ti mismo?

19. ¿Reconocer el deber de hacer cambios en la vida? ¿Por qué la vida ha cambiado?.

20.   Aprender del cambio. ?¿Tienes nuevos retos y desafíos para ser mejor? Mejor para uno mismo y para los demás-

21. ¿Se ha modificado el autoconcepto del presente y del futuro? ¿Cuál era el anterior?

22. ¿Qué significa aceptar la dualidad humana? Triste o feliz, motivado y apático, momentos de acercamiento y otros de aislamiento, coherente e incoherente, etc.

23.   ¿Con quién se pueden hacer alianzas? Contigo mismo, con la sociedad, con los valores, con las creencias, con el libre albedrío, etc.

24. ¿Regresar a la espiritualidad de tu SER? El sufrimiento es espiritual, puede ser inmediato, corto o largo. La decisión es personal.

<u>*Bien morir es resultado de bien vivir.*</u>

Cada día mueren miles de personas: adultos, niños, jóvenes. La muerte no se elige, es una consecuencia de vivir. Nadie puede escapar en ese momento. Es ineludible, incontrolable, sin edad, ni tiempo. Es un evento seguro en la vida, es un destino.

Cada día el mundo cambia y la prueba más reciente es la pandemia mundial de COVID 19 que todavía se vive y no se puede soslayar la presente circunstancia. Durante la pandemia mundial de COVID 19 mueren millones de personas a nivel mundial. Numerosas pérdidas de familias, amigos, conocidos. Madres y padres sin hijos, hijos hermanos, esposos, muerte de padres, hermanos, tíos, sobrinos, novio. Una enfermedad con familias desaparecidas o desintegradas. Trabajos perdidos. Sueños y anhelos que quedaron suspendidos por la pandemia.

Cómo enfrentar una situación para la que no se prepara porque la palabra muerte causa temor, no se menciona, se evade si es posible. Pensando que, con la evasión no va a pasar, porque se cree que nombrarla es "llamarla". Nada más equivocado.

¿Qué sería diferente si se piensa y se prepara para morir? Es una reflexión que orilla a pensar en la existencia, la escala de valores que se tiene entonces viene otra pregunta inevitable.

¿Cuál es mi misión en la vida? No es una pregunta casual, al contrario, es tan profunda que es difícil de contestar si no se tiene una verdadera dimensión de la vida y de lo afortunado que se es de seguir en esta vida para pensarla y resolverla antes de partir. Se cuestiona la manera en que se vive en el momento que hay una crisis.

¿Por qué no hacerlo con anticipación, antes de morir?

El tiempo no regresa. Lo único que tenemos seguro en esta vida es el cambio y algunos son provisionales y otros definitivos.

Sería conveniente hacer cambios ahora que se tiene la oportunidad de vivir mejor antes de morir. Seguramente sí, hacerlo sería una conversación enriquecedora para terminar esta vida de la mejor manera: satisfactoria para los que acompañan la vida porque se convive, se ama, se extraña y también se pierde el tiempo y las oportunidades de ser mejor persona.

Esto sucede porque se piensa que tiene más tiempo de vida, cuando en realidad no se sabe.

¿Cómo estar a la altura de las circunstancias cuando la ausencia ha provocado tanto dolor y sufrimiento? -

Agradeciendo la vida con resiliencia y amor.

Mientras tengas vida, todo es posible si estás vivo. Ser digno de estar aquí y ahora.

Tareas básicas para el acompañamiento del duelo.

1. Aceptar la realidad de la pérdida.

2. Identificar y expresar los sentimientos.

3. Adaptarse a vivir en un mundo en que lo que se perdió no regresará, como en el caso del fallecimiento de alguien querido.

4. Recolectar emocionalmente lo positivo de lo que se perdió. Estableciendo un vínculo de afecto en el recuerdo de lo que se ha perdido.

PARA VIVIR MEJOR DESPUÉS DE LA PÉRDIDA.

- Reconocer significa hacerse consciente que la pérdida que se ha sufrido me provoca: estrés, dolor emocional, sufrimiento, angustia, infelicidad. Esto es normal, está bien sentirse mal. Ser consciente de lo que se siente y aceptar tener todo al mismo tiempo. Ir identificando cada uno de ellos, empezar por anotarlos para ir trabajando y evolucionando poco a poco.

- **Proporcionar a la vida diaria pequeños momentos que aporten felicidad. Partiendo de que la felicidad es un evento químico dentro del cerebro a través de neurotransmisores y es de corto tiempo. Esto quiere decir, que no se puede ser feliz todo el tiempo. La felicidad son espacios de paz y tranquilidad en los cuales la persona se siente bien, porque generan bienestar: disfrutar una comida favorita, comprar algo que me gusta, cuido una planta de mi agrado y si tiene flor mejor, escuchar música agradable, hacer el bien sin esperar nada a cambio, etc.**

- **Diferenciar entre alegría y euforia vs felicidad. La alegría y euforia es una emoción que se da por un estímulo externo: Ejemplo, alguien me ha dicho que soy bonita. Respuesta, yo me siento apreciada o querida y puede llegar a la euforia.**

- **La verdadera felicidad viene de tu interior, y te proporciona una sensación de paz, de que todo está bien.**

- **Recuerda que todos vamos a morir. ¿Qué falta por decir y hacer? No se sabe si mañana habrá tiempo de hacerlo. El momento es HOY.**

- Disfrutar del momento, de la vida. Existen muchas personas que no tienen la misma oportunidad de llegar a la edad o al momento. Atrapar la vida, abrazar la esperanza.

- Llevar un duelo implica caminar aún con dolor. Escribir un diario, anotar todo lo que te haga reflexionar. Ejemplo: ¿Qué hiciste y no hiciste ese día? ¿Hice bien o mal a mí misma o a alguien? ¿Cómo te sentiste? ¿Qué puedo hacer diferente hoy o mañana? Son reflexiones en las que se puede ir cambiando las acciones día a día.

- ¿Llorar o no llorar? Las lágrimas reprimidas traen enfermedades porque son energía negativa. El llanto no se reprime. Platicar con las personas a tu alrededor la razón de tu necesidad de llorar. Olvídate de falsas creencias:"no lo dejas descansar". "tienes un angelito en el cielo"... solo el doliente sabe lo que siente. Después de llorar, el movimiento es lo más recomendable para el cambio de energía. Ejemplo: muévete, cambia de posición corporal, riega una planta, escucha una canción. La energía se modifica.

- Cuida de ti mismo. Tú eres lo más importante. Haz algo que te haga sentir bien, lo que tu quieras y decidas. No para los demás. Para TI.

- Si tienes un pensamiento intrusivo negativo repentino, cambia ese momento con acción. Muévete, haz algo, corre, cocina, escucha música, observa el cielo, cambia de posición corporal. Esta acción, tendrá tu mente en otro espacio diferente al del pensamiento interruptor. Si, es poner un apagador a esa mente que te traiciona en ese momento.

- No juzgues. Ni a ti, ni a los demás. Vive y deja vivir. Cada uno vive su vida de acuerdo a sus necesidades y creencias. Para juzgar se debe tener un poder. Si a mi afecta lo que me dice otro, le estoy dando poder a esa persona. Si yo juzgo a otro, estoy haciéndome cargo de algo que no me corresponde ni me aporta nada.

- Medita. Existen muchos audios para meditar. Lo más importante es que te concentres. No importa que sean dos o tres minutos. Eso te relajará y volverá

- Haz una lista de cosas fantásticas en tu vida. Quizás locas. Diviértete siendo tú. Sin miedos.

- Descubre lo que te hace feliz. Ver la luna, tomar una cerveza, ver el fútbol, la lluvia, el mar,

- Vístete con el traje de las ilusiones. Conserva la ilusión e invita a ese momento al ser querido ausente.

- Lo mejor de la vida es gratis. Disfruta, estás vivo.

- Atreverse a vivir, aceptar la vida como viene, cuidar de todo lo que tiene la vida con aprecio y agradecimiento, tu cuerpo, tus emociones, etc.

Técnicas para el duelo

1.   Confrontación. "la silla vacía". Permite al doliente enfrentarse al conflicto. Es conveniente cuando hay situaciones pendientes con la pérdida. Se produce un efecto catártico y transformador en el doliente.

2.   Relajación abdominal. Sirve para bajar los niveles de ansiedad y estrés.

3.   La imaginería. Revivir de manera mental, sensaciones, situaciones y emociones placenteras para lograr un estado de relajación.

4.   Narrativa. "Preséntame a tu familiar que acaba de fallecer". Son preguntas para que la narrativa del doliente sea consciente de lo que siente y comience a cambiar su manera de observar el hecho y que se de cuenta que la relación con la pérdida será siempre un recuerdo y si lo desea puede establecer un vínculo espiritual con él y formará parte de su ciclo vital.

5. Otra de las narraciones es la carta "hola de nuevo". En ella, de forma escrita, le dice lo que siempre

quiso decirle y no le dijo. Ejemplo: pedir perdón, decir que le ama, perdonarle.

6. El dibujo es conveniente para niños, adolescentes, personas con capacidades diferentes, o que no saben leer y escribir.

7. Escribir un diario con anécdotas enriquecedoras, como un nido de recuerdos de acuerdo con su biografía.

8. Hacer un álbum de fotografías donde recuerdes momentos gratos como historia de vida.

Me gusta la poesía. Aquí te dejo este poema que me ha
ayudado a comprender mejor el duelo. "Nunca se puede
volver a vivir el momento que hemos vivido".

CANTARES (incompleto)

Todo pasa y todo queda

lo nuestro es pasar,

pasar haciendo caminos

caminos sobre la mar.

Nunca perseguí la gloria

ni dejar en la memoria

de los hombres mi canción

yo amo los mundos sutiles

ingrávidos y gentiles

como pompas de jabón.

Me gusta verlos pintarse

 de sol y grana, volar

bajo el cielo azul, temblar

súbitamente y quebrarse

nunca perseguí la gloria.

Caminante, son tus huellas

el camino y nada más

caminante, no hay camino

se hace camino al andar

al andar se hace camino

y al volver la vista atrás

se ve la senda que nunca

se ha de volver a pisar

caminante no hay camino

sino estelas en la mar.

Autor: Antonio Machado.   Canta: Joan Manuel Serrat

Has recorrido estas páginas conmigo donde hablamos de la pérdida, el duelo, las causas del dolor, creencias y la manera de adquirir herramientas para salir de la crisis que ha provocado la muerte de un ser querido.

Espero que ahora tengas un panorama más amplio de los factores y circunstancias que están alrededor del duelo.

Al ser consciente de las influencias externas e internas que existen y que se apoderan de tus pensamientos, tienes la responsabilidad de vivir el duelo sanamente, sabiendo que se puede atravesar de una manera libre, oportuna, temprana y adecuada para aliviar el dolor y que éste no llegue a convertirse en sufrimiento.

La aceptación de la muerte es un logro que se debe celebrar porque es un hecho natural como comer, dormir, escuchar, hablar, etc. Tienes ahora la consciencia de que seremos protagonistas de nuestra propia muerte, aunque no estemos presentes. Preparemos con antelación la propia muerte para que en ese momento las personas que nos aman sufran lo menos posible con nuestra ausencia transitando un duelo sano.

Cuando seas acompañante de una persona en duelo, es necesario respetar a los familiares con amor, y estabilidad emocional, dejarlo que hable de sus miedos, que viva un entorno familiar cálido, sin angustias ni temores, lo que esa persona necesita para afrontar su realidad es amor. La aceptación y la madurez con que el paciente y el acompañante logren sobreponerse a la crisis de ausencia o de enfermedad, impacta de manera positiva o negativa a la familia y viceversa.

Aceptar la pérdida de la salud o la muerte como irreversible, nos sirve para crear un círculo virtuoso fundamental para el acompañamiento del enfermo sin drama, eso disminuye el sufrimiento, vivir y sentir las emociones sin victimizarse pero tampoco sin reprimirse, tener un equilibrio entre tiempo y emoción.

No aferrarse a las emociones, aprender a soltar todo, tener una dimensión espiritual para dar significado de trascendencia a la realidad que te toca vivir, sin que sea religión. Vivir la espiritualidad para tener una vida más feliz y plena.

Autoconocimiento de quiénes eres, para qué estás aquí, adquirir fortaleza interna, tener resiliencia. te sirve para tener lentes diferentes con perspectiva de vida con desafíos y retos, posibilidad de existir en otra dimensión.

Hoy que estás vivo aprovecha el privilegio de decidir y construir una vida y una muerte plena y satisfactoria.

Ahora tienes la capacidad de romper el tabú de la muerte, hablar de ella y contemplarla como un acto sublime y vivirla con naturalidad. Esto le permitirá a la familia transitar el duelo sin sufrimiento, sin terror con calidez, amor y gratitud.

¿Cómo te gustaría vivir el resto de tú vida? A mí me gustaría vivirlo con calidad, amor y bienestar para mi y mi familia.

"Solo cuando perdemos el miedo a morir pierdes el miedo a vivir"

! VIVE!

Contacto

Correo: griseldasoffice@gmail.com

happybe coach ID 199963554613796

Coach Ontológico
Profesional...gricelda.aguilar.5

Instagram. griselda.aguilar.54379

Facebook. griselda.aguilar.54379

Facebook página. De la tierra hasta el cielo. Id 7740372061131

Whatsapp 529842143858

Bibliografía

Echevarría Rafael (2013). Ontología del lenguaje. Editorial Granica.

Leonardo Wolk (2010). El arte de soplar brasas. Editorial Andres Bello.

Elisabeth Kubler-Ross (2015). La rueda de la vida. Editorial B. S. A.

Elisabeth Kubler-Ross (2016). La muerte de un amanecer. Editorial Diana.

Luis Jorge González. (1994). Psicología de la excelencia personal. Editorial Font, S. A.

María del Carmen Castro González (2019) Tanatología, La inteligencia emocional y el proceso de duelo. Editorial Trillas.

Lili Conde (2004). Del diario vivir. Editorial Lili Conde.

Smith, J. (2022). La historia del arte. Ciudad de México: Editorial ABC.